港股追勢36計

入市必讀重要指標

推薦序

認識 Eric 十多年了。他的專欄素來以大版、深入見稱，可媲美英國《金融時報》Big Read 版。Eric 及其《信報》團隊在這十多年來以大量經濟、市場數據建立的系統和眾多指標，絕對是大行級數。今時今日在市場賺錢，尤涉大量股票者，若欠這些工具勢必事倍功半矣。

古有「三十六計，走為上計」。今要港股追勢，當然是「三十六計，睇為上計」。

羅家聰

推薦序

　　在今時今日資訊爆炸的時代，市場上的訊息量龐大，雜音充斥，投資者在做出投資判斷時難度亦愈來愈高，不少投資者也因此不斷在尋找能協助理清投資思路的方法及系統。

　　呂 Sir 在本書中透過其多年資深經驗，剖析了重要的技術分析系統、市場指標及選股技巧，切實讓投資者的目光從大量沒價值的訊息，拉回到實際而有效的分析方法及着重點，相信本書能讓讀者在不同的市況都能找到其投資的方法，從而提高投資回報。

松仁

《信報》專欄「私募廣角鏡」作者

推薦序

一直有拜讀 Eric 兄在《信報》的文章，內容資料豐富，尤其是以統計及數理角度看金融市場，撇除人為因素，往往與感覺大有差異，從理性邏輯的角度去看，有機會得出有趣的結論，能夠持之以恒，發掘多種指標，這本書十分向讀者推介。

以人作主觀判斷，始終有感情因素，就算如何理性，始終會有出錯的時刻，亦可能不能堅持，參考數據就能作出客觀的判斷，就算最後以這次不一樣作為理由，一旦主觀判斷出錯，亦能快速調整策略，所以理解各種統計結論，能有效充實自己的武器庫，因應投資環境應對。

港股市場近年陷入有波幅冇升幅的尷尬局面，長線投資指數，很容易陷入過去 10 年 A 股式的困局，而就算想尋找優質公司，期望管理、業務規模愈做愈大，由於政策對寡頭壟斷限制增加，應該暫時難以找到優秀的目標，所以量化策略的重要性會一直提高。

本書面世之年的香港，正值疫情最猛烈之時，大家都只能減少外出，趁此機會讀書、進修，提升自己，不失為一個好方法，祝願大家身體健康，投資市場一帆風順。

盧志威

潤淼資產管理董事

自序

　　二十一世紀是互聯網的年代，市場資訊和投資數據已非如以往般稀少、難以獲取，反而可說唾手可得，而且數量太多，分析無從入手。在海量的市場資訊中，如何消化、過濾，甚至從中找出有利可圖的投資機遇，又或效果理想的策略，當中的挑戰絕不比在資訊貧乏的年代為低。

　　自 2009 年起為《信報》撰寫專欄及參與籌辦 EJFQ「信號」（全方位股票分析）系統，便有更多機會接觸林林總總的（原始大）數據，由簡單的個股股價，以至各類指數和其衍生的指標，到盈利預警和回購數字，再加上近年才開通的「滬深港通」（南北水）與日漸普及的 ETF 資金流向等等。還有不少市場流傳已久的投資格言，例如「五窮、六絕、七翻身」和 Sell in May 等港股周期現象，又或黃金／死亡交叉訊號的吉凶，這

些道聽途説卻又具一定測市效果的説法，也有探索的空間，值得與讀者分享。

　　筆者多年來投放了不少時間研究數據分析和程式交易，透過回溯測試（backtest）驗證了一些投資市場傳統説法；亦優化了個別投資入市策略。《港股追勢36計》便是筆者過去十多年裏，一些涉及到港股投資的研究結果，務求助讀者消除市場雜音，有效利用市場數據，提升投資回報績效。

呂梓毅

《信報》首席經濟及策略師

投資分析研究部

目錄

第三章
技術分析判牛熊

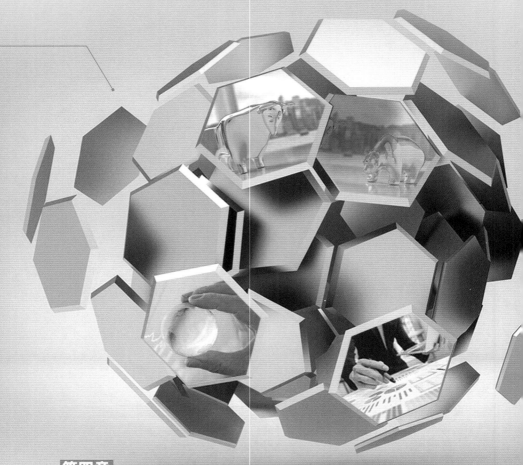

第四章
按周期趨吉避凶

第一章

大市成交
測後市

「價量齊升（跌）」被視為股市突破時市況能否維持的重要因素，可見成交猶如股市的脈搏，是透視後市的重要工具。本章會介紹幾個與大市成交相關的指標，既有大多數人都熟悉的如沽空比率，也有較少人使用的每股平均成交額等，藉它們正常或異常的跡象，衡量大市前景。

1 計 每股平均成交額測後市

2021 年港股主板成交金額首次突破 3000 億元，刺激恒生指數隨後再度突破 3 萬點大關。

要分析港股與交投的關係，不能單看成交額數字，因上市股票數目不斷增加。1995 年本港掛牌股票數目不足 500 間，2021 年則已逾 2500 間，成交額自然亦隨股數增加而上升。為了更準確衡量交投，可以把總成交額除以上市股份總數（下簡稱「每股平均成交額」），便能大致反映平均每隻股份成交額。不難理解的是，「每股平均成交額」愈高，代表交投愈熾熱；反之亦然。

逾1億元屬臨界點

那麼，怎樣的「每股平均成交額」水平才算高？觀測 1997 年以來的變化，當「每股平均成交額」達 1 億元或以上便屬偏高，而偏高成交額情況往往可以維持一段短時間，甚至有機會進一步飆

升，例如 2007 年和 2015 年。重點是，要留意過去 100 個交易日內，「每股平均成交額」首次達 1 億元的位置便可【圖，橙棒位置】。

每股平均成交額與恒指

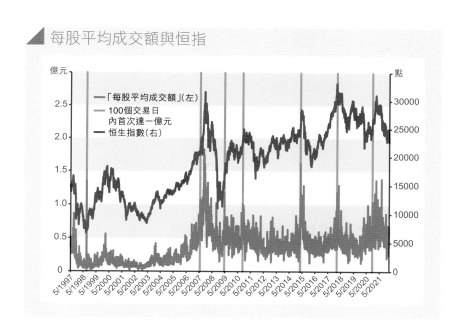

過去 20 多年來，「每股平均成交額」達 1 億元門檻只曾出現過 7 次，不難發現熾熱成交往往出現於牛市開始初期，即如 1998 年和 2009 年的訊號，又或牛市尾段、熊市初期，例如 2007 年、2010 年、2015 年和 2018 年。出現如斯情況也許不難理解，因為當股市出現熊三恐慌拋售和牛三瘋狂買貨，成交額往往都會顯著抽升，甚至觸及前述臨界水平。

這裏有兩個重要訊息要留意。首先，若然超高「每股平均成交額」訊號是出現於牛三階段，大家便要當心，因為據過往 4 次的情況，恒指最遲不會多於 4 個月後便開始熊市大跌浪！然而，這並不代表恒指短期不會進一步攀升，就像 2007 年市況。

其次，若然超高「每股平均成交額」訊號是出現於熊市後期（或牛市初期），意味港股升浪還未結束，後市還有很多想像空間。

2 計 盈警盈喜預示 港股去向

常言道，股價表現是反映企業盈利基本因素狀況；企業盈利理想，股價自然較強；反之，盈利差，股價便難有突出的走勢。要掌握企業盈利狀況，當然可以分析業績；不過，這數據往往滯後，不如留意具相當前瞻性的「盈警」或「盈喜」數據，對預早評估企業前景有重要參考作用。換個角度看，若然我們綜合整體企業發出盈利預告的情況，對探索後市將有很大幫助。

根據上市規則，企業若預期盈利表現將出現很大變化，須發盈利預警（Profit Alert）公告，讓投資者掌握情況。有關資訊可在港交所（00388）網站披露易專頁（https://www.hkexnews.hk/）找到。

盈利預警可分為兩大類，分別是「盈喜」（Positive Profit Alert 或 Expected Increase in Profit）和「盈警」（Negative Profit Alert

或 Expected Decrease in Profit）；也許因為監管要求或企業多「報憂不報喜」關係，企業發「盈警」的數字往往較「盈喜」為多，故此預警數字上升。

此外，由於上市公司數目不斷增加，發盈警或盈喜企業數目會因個股數目增加而呈反覆上升趨勢，故此觀測盈警或盈喜所佔比例的數值，即發盈警或盈喜佔整體發出預警的數目，對捕捉相關趨勢效果會更為理想。

2020 年初新冠肺炎在港爆發，香港雖沒有全面封關，但整體經濟已陷入半停擺狀態，企業盈利首當其衝受到巨大衝擊。港股盈警佔整體發出盈利預告比率的 6 個月移動變化（下簡稱「盈警佔比」）自 2018 年初開始見底回升，反映當時中美貿易戰升溫，已對企業盈利前景造成困擾。不過，隨着兩國簽署第一階段貿易協議，加上環球經濟增長呈回暖跡象，令「盈警佔比」於 2019 年底至 2020 年初曾稍為回落，即企業盈利前景有所改善。

好景不常，受到 2020 年新冠肺炎疫情爆發的衝擊，「盈警佔比」再次掉頭回升，並且攀越 2019 年底和 2016 年的高位，於 2020 年 9 月底，「盈警佔比」漲至 78.3%【圖 1】，代表過去 6 個月內企業發出盈利預告的通告中，有逾四分三屬於盈警，即預期盈利將出現大幅倒退（或由盈轉虧甚至虧損擴大），屬 2013 年 4 月以來的高位，顯示當時企業管理層對營運前景異常看淡。

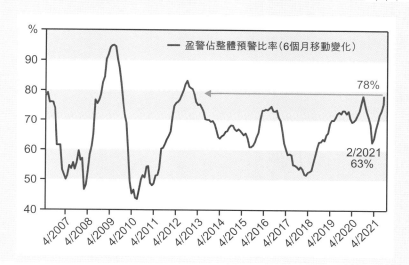

▲ 上市公司盈警佔比表現　　　　　　　　圖 1

有效預測港股盈利表現

那麼，盈利預警數據對預測實質盈利表現，以至恒生指數後市走勢，是否具重要啟示作用呢？

由於股價表現與盈利變化有密切關係，盈利預警數字某程度上是企業實質盈利的領先指標，可以想像兩者的關係理應同樣密切（要注意的是，「盈警佔比」卻不一定領先恒指走勢）。事實上，歷年「盈警佔比」（逆向）與恒生指數每股盈利（EPS）按年變化

同樣呈同步的表現【圖2】，兩者相關系數亦達相對較高的 -0.58
水平。換言之，投資者可以透過盈警佔比的數字，預測恒生指數
EPS 的變化。

◤ 盈喜佔比與恒指 EPS 變化關係密切 　　　　　　　　　　圖 2

從圖 2 可見，或許疫情反覆的關係，踏入 2020 年後，盈警佔
比數字表現頗為反覆；於 2020 年初時，盈警佔比由 78.3% 反覆
回落至 62.7%（注意逆向座標）。不過，隨後盈警佔比再度惡化，
數字再度回升至接近八成的比重，並與 2020 年 9 月相若，顯示港
股受疫情升溫的影響，再度令盈利前景轉淡，即預示稍後恒指 EPS
增長將出現回軟。然而，踏入 2021 年第四季，盈警數字再次出現
改善，佔比亦由接近八成比重，下跌至年底約 71.2% 位置，或預

示盈利表現於 2022 年初或再次出現改善。

　　無論如何，「盈警佔比」其實是一個推算恒指 EPS 變化的十分有效指標。

3 計 密集不協調現象 有啟示

港股不時會出現一些「不協調」現象，其中之一就是恒生指數錄得較大單日升幅（高於 0.26%），但整體大市股份上升比例卻少於一半（低於 48%）。

從歷史角度看，上述「不協調」表現並不常見，在過去 20 年近 5000 個交易日裏只曾發生 245 次，佔總交易日數不足 5%。若然這些「不協調」表現密集地出現，如在過去 50 個交易日內有 8 次或以上，情況則更為罕見，20 年內撇除短時間內重複出現，只曾在 4 個時段出現過類似情況，分別是 2001 年 1 月、2007 年 11 月、2015 年 2 月和 2018 年 1 月【圖】。

類似「密集不協調現象」出現後，恒指在隨後半年至 10 月內往往會深度下挫，例如 2018 年 1 月，恒指在約 9 個月後瀉逾 6000 點（約兩成），足見這訊號殺傷力頗驚人。

▲ 出現「密集不協調現象」的分布

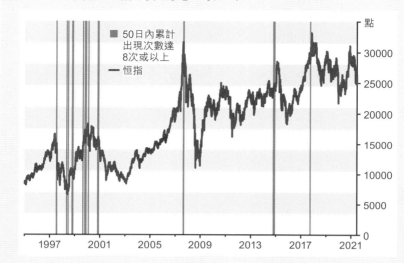

分析歷年出現「密集不協調現象」分布的 7 段時間，有以下兩點發現。

一、「密集不協調現象」出現並不一定代表恒指升勢完結。

「密集不協調現象」往往反映恒指雖然持續攀升，惟整體港股表現卻明顯跟不上，類似平均線市寬與指數出現背馳的走勢。故此，縱使港股確認出現「密集不協調現象」，也不代表恒指會即時回落；2015 年和 2018 年發出此訊號後，恒指便創出新高才下挫。

不過，要留意的是，不健康的背馳狀態不會持久，最終恒指下滑的機會甚高。統計顯示，港股「密集不協調現象」後，恒指隨後

200 個交易日多數錄得（頗大）跌幅【表】，兩次例外是 1998 年和 2000 年，因為 1998 年港政動用過千億元入市托港股（應對國際大鱷狙擊），令恒指隨後顯著攀升；2000 年則因為當時科網股泡沫剛剛爆破，市況下挫主要集中科網股身上，故恒指表現相對平穩所致。

◢ 港股出現「密集不協調現象」時間

	時間	期間重要事項	恒指 200 個交易日後變幅
1	1997年10月7日至15日	亞洲金融風暴爆發初期	-44.2%
2	1998年8月6日至9月24日	亞洲金融風暴臨近結束 #	+71.3%
3	1999年11月25日至2000年4月27日	科網股泡沫爆破前夕 ^	+2.0%
4	2001年1月29日至2月19日	科網股泡沫爆破期間	-23.5%
5	2007年11月20日至12月3日	金融海嘯爆發前夕	-37.6%
6	2015年2月5日至17日	新興市場股市暴跌前夕	-12.4%
7	2018年1月9日	中美貿易戰爆發前	-18.0%

#1998年8月14日港府動用千億入市，挾升股市；^ 期間納斯特指數下跌17.6%。

二、「密集不協調現象」出現，港股往往處於或即將步入金融危機。

以往「密集不協調現象」出現後，金融危機可能會隨之出現；例如 1997 年至 1998 年亞洲金融風暴、2000 年科網股泡沫爆破

及 2007 年至 2008 年金融海嘯等等。故此，港股若確認「密集不協調」，可能是一個警號，預示將爆發新一輪金融危機！

換上另一角度看 ，「密集不協調現象」代表大市走勢並不健康，投資者應提高警惕，審慎管理風險。

4 計 「9-1 跌市日」 未必利淡

讀者若有瀏覽股市網站，間中可發現「港股升跌比例」統計圖；簡言之，這是統計全港全部個股（或個別指數成份股），單日上升股份與下跌股份數目的比率。這類市寬指標，可以有效地反映指數於上升或下跌時，整體大市表現是否配合、或是否全面。例如，恒指某天上漲百多點，惟整體大市上升比例不足 50%，便顯示升市並不健康，不協調。

簡言之，恒指（或其他指數）往往只是反映成份股的綜合表現，卻不代表整體大市走勢，所以要評估整體後市表現，有時便要觀測升跌比例，留意大市有否出現不協調情況，另一方面，亦可留意升跌比例有否密集地出現、即所謂的「9-1 跌市日」。

回顧 2018 年恒指走勢，於 1 月 29 日攀至 33484 點歷史高位見頂，其後急速回落，在短短兩周內累積下瀉最多 4355 點（13%），

跌勢可説十分凶險;港股整體大市升跌股份比例更在短時間內罕有地出現兩次「9-1跌市日」,即當年2月6日和2月9日全港近2500隻股份錄得漲幅的股份,分別只有96隻和180隻而已,下跌股份比例逾九成(註:股價不變股份不計算在內)【圖1】,反映當時的跌勢異常全面,甚至出現恐慌性拋售情況。

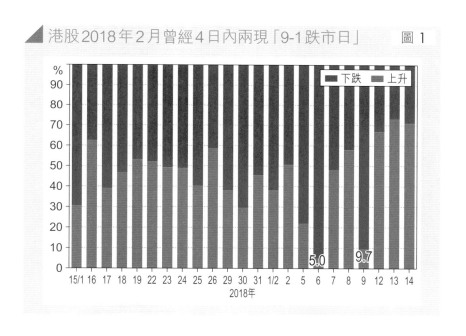

▲ 港股2018年2月曾經4日內兩現「9-1跌市日」　　圖1

歷史角度看,「9-1跌市日」有多罕見?從1995年有統計以來,港股近6000個交易日裏只發生約90次,佔總交易日數約1.5%而已【圖2】;若然「9-1跌市日」短時間內密集地出現,更只曾發生11次而已,僅佔總交易日數約0.2%。

「9-1 跌市日」出現時間及當天恒指表現　　　　　圖 2

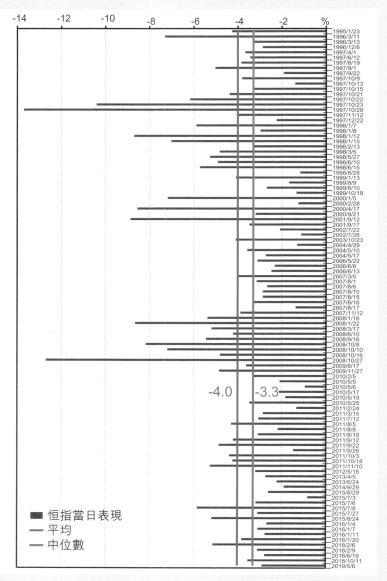

恒指當日表現
平均
中位數

-4.0　　-3.3

從歷年港股「9-1 跌市日」分布可見，大致可劃分為兩種模式：單獨出現或密集出現，而密集的定義是 20 個交易日內出現 3 次或以上的「9-1 跌市日」。

若然是單獨出現，即發出首個「9-1 跌市日」隨後 20 個交易日內再沒有相同訊號，根據歷年數據，恒指在隨後的 5 個、10 個、20 個和 50 個交易日多會錄得不俗升幅，平均漲幅分別為 3.3%、4.3%、5.1% 和 7.2%，上升比例高達 80%、75%、80% 和 73%。

至於罕有的「9-1 跌市日」密集出現，市場現象對後市帶來什麼啟示？

首先要了解出現「9-1 跌市日」背後的意義。每當市場出現「9-1 跌市日」，代表當天跌市全面；而密集地出現「9-1 跌市日」，則反映大市在短時間內，持續出現頗全面、沉重，甚至恐慌性拋售。惟當這情況出現，尤其密集程度達 3 次或以上，很多時都反映大市／金融市場正處於某種的危機中。

事實上，從歷年大市密集出現「9-1 跌市日」的分布，不難發現出現的時間，很多時都伴隨着金融危機發生，例如 1997 年至 1998 年亞洲金融風暴、2007 年至 2008 年金融海嘯和 2011 年歐債危機【圖 3】。

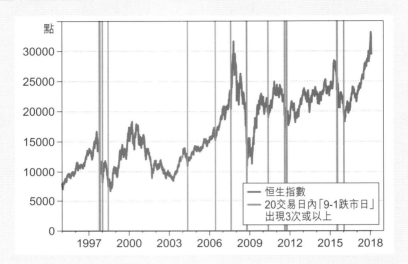

港股密集「9-1 跌市日」時間分布　　圖 3

圖例：
— 恒生指數
— 20交易日內「9-1 跌市日」出現3次或以上

其次，「9-1 跌市日」出現於牛市或熊市中，惟兩者有截然不同的意義。從歷年「9-1 跌市日」時間分布可見，若處於熊市，「9-1 跌市日」多見於熊市中段或尾段，如 2015 年中和 2016 年初；若處於牛市中，「9-1 跌市日」往往出現於牛市中段（調整）時。

值得留意的是，若訊號出現在牛市中段或熊市的尾段，可以想像港股出現較大幅度的調整或「終極一跌」後，大市距離重拾升浪或結束熊市步入「牛一」升浪不遠。

5 計 港版恐慌指數 測市能力不高

美股有所謂的「恐慌指數」（VIX），其實是由芝加哥期權交易所（CBOE）編製，以量度標普 500 指數期權的引伸波幅，反映投資者對未來 30 日標指波動程度的預期。由於指數某程度代表投資者為對沖股市大幅波動而所須付出的對沖成本，VIX 愈高，代表投資者估計後市愈波動；反之亦然。

至於港版恐慌指數（VHSI），正是參照 VIX 方法編製而成，同樣是反映投資者對未來 30 天恒指的預期波幅，故某程度可反映港股市場的恐慌情緒。

不論 VIX 或 VHSI 的波幅指數，往往只是反映投資者對標指或恒指後市波幅的預期，並不一定顯示投資者對後市看好或看淡。不過，恐慌情緒升溫往往在跌市時出現（這反映跌市時股價或指數下跌速度普遍比升市時來得快且急）。故此，每當市況下瀉時，波幅

指數亦會隨之急升；反之，大市處於上升周期時，波幅指數多會反覆回落，或於低位徘徊。換句話說，波幅指數與股市的關係，很多時其走勢會出現相反方向發展的情況【圖1】（註：VHSI為逆向座標）。

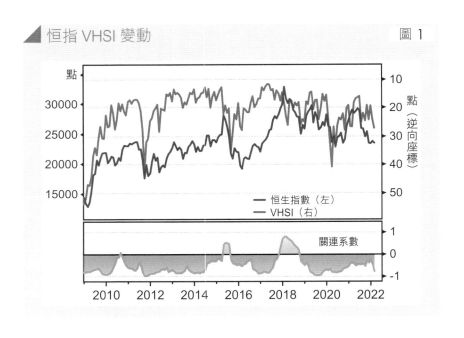

恒指 VHSI 變動　　　　　　　　　　　　　　　圖1

那麼，VHSI位置不同的水平，對恒指後市有何啟示？

統計歷年VHSI處於不同水平下恒指隨後1年的表現，可見沒有重大的預測作用；除非VHSI處於異常偏低位置，例如12點以下和12至14點組別，恒指隨後一個月分別有89%和71%機率可以錄得平均3.1%和1.9%的漲幅，不然，VHSI在14點以上水

平時，恒指隨後可錄得升幅或跌幅，而且升跌比例的變化亦相對反覆。

　　換言之，在指數波幅異常低情況下，博指數回升贏面相對較高外，其他則沒有明確趨勢【圖2】。

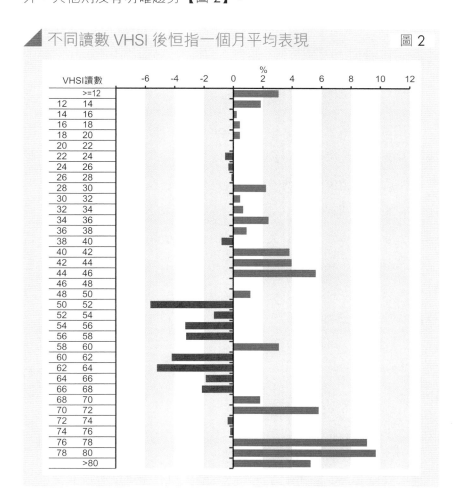

◢ 不同讀數 VHSI 後恒指一個月平均表現　　　　　圖 2

6計 超高沽空比率 短線入市機會

　　2021 年初，大手沽空美股 GameStop 的對沖基金遭網上散戶大挾淡倉，以至後者「轉挾白銀」的事件均引起金融市場關注。股票、期貨等資產價格升跌，往往反映人類貪婪和恐懼的投資情緒，所以不論造淡抑或造好，個別股票甚至整體大市等經過一輪升勢或跌勢後，不時會出現擠擁交易（Crowded Trade）或非理性亢奮（Irrational Exuberate）情況，容易成為大戶甚至網上散戶的挾倉目標。類似 GameStop 的劇本將會不斷重複，因目前聯儲局等央行釋出海量資金在市場流竄，只是每次「主角」不同而已。

　　既然挾淡倉惹起關注，筆者搜羅了本港沽空及衍生工具資金流向數據，剖析香港整體沽空活動，以至牛熊證等資金流向變化，會否對後市走勢帶來啟示。

　　港股自 2000 年開始容許沽空活動，但並不是所有個股都可以

沽空，僅佔稍多於總數三分一。整體大市沽空佔成交比率（下簡稱「沽空比率」）是指這批可沽空股份的單日總沽空成交金額佔整體大市成交金額的百分比，沽空比率愈高，代表當日沽空活動愈活躍，反之亦然。

那麼，怎樣的沽空比率才算高呢？這個在不同時期會有不同標準。從全年平均沽空比率歷年變化可見，近 20 年呈反覆向上的態勢【圖 1】，即沽空比率均值逐步上移。在 2000 年至 2009 年期間，沽空比率達 8.7% 以上（相當於期間平均值加兩個標準差以上）已屬偏高；然而，自 2010 年後，沽空比率即使達 13% 也不算嚴

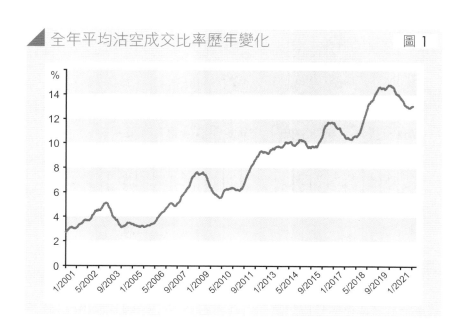

▲ 全年平均沽空成交比率歷年變化　　　　　　　　圖 1

重；若以高於平均值兩個標準差劃分，自 2010 年起沽空比率要超過 16.2% 才算高。

此外，從歷年沽空比率分布圖可發現一個有趣的現象，就是過去 20 年分布呈雙峰形態（bimodal）。2000 年至 2009 年最多出現沽空比率次數（即約為平均值）大概 3% 至 4%，惟 2010 年後，最頻密出現的是介乎 10% 至 11%【圖 2】。

▲ 歷年沽空成交比率分布　　　　　　　　　　　　圖 2

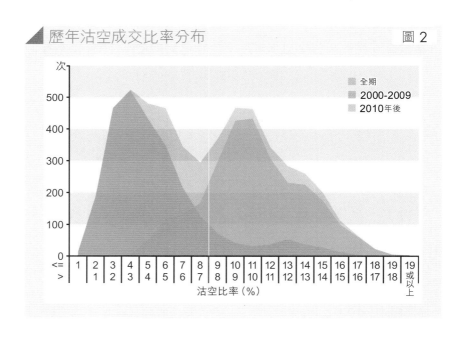

換言之，2010 年之前與之後的沽空比率平均值存在很大差異。這與港股總股票數目顯著增加（註：2000 年初上市公司僅 600 多

間，2021 年則達 2500 間左右，多了 4 倍有餘），以及人們對沽空活動接受程度不同有一定關係。

如根據 2010 年後至今的沽空數據分析，港股什麼情況下會出現較高的沽空比率呢？那是市況出現一段時間（例如 20 個交易日）的回調後，沽空比率才會明顯趨升。

從 2010 年至 2021 年 9 月出現不同沽空比率及恒指在過去 20 個交易日表現可見，當沽空比率處於超高範圍時（達 16% 或以上），恒指下跌比例往往達 75% 或更高【圖 3】，而過去 20 日交易日平均下跌 4.6% 或以上【圖 4，藍點】。

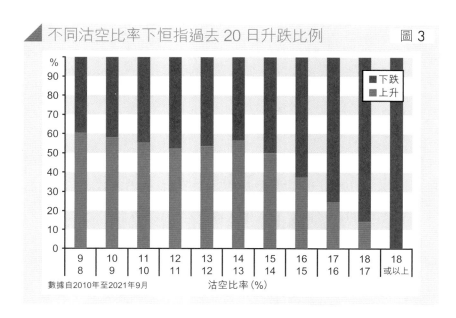

不同沽空比率下恒指過去 20 日升跌比例　　圖 3

數據自2010年至2021年9月　　沽空比率 (%)

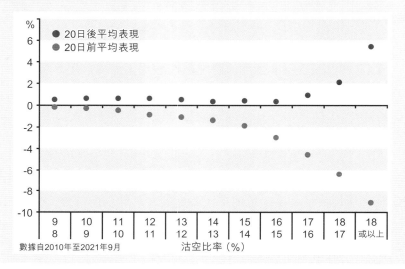

不同沽空比率前後恒指平均變化　　　　　　　　　　　圖 4

%
- 20日後平均表現
- 20日前平均表現

數據自2010年至2021年9月　　　　　　　　沽空比率（%）

9 | 10 | 11 | 12 | 13 | 14 | 15 | 16 | 17 | 18
8 | 9 | 10 | 11 | 12 | 13 | 14 | 15 | 16 | 17 或以上

　　出現如斯情況不難理解，大市表現不濟，投機者才有興趣積極參與沽空（或與對沖有關），把沽空比率推升至較高位置。

　　至於大市錄得超高沽空比率後，恒指隨後傾向有何種表現呢？一般而言，高沽空比率對後市的影響並不是十分明顯，例如沽空比率達 16% 至 17% 時，隨後 20 個交易日恒指的上升機率只是稍高於一半（59%）【圖 5】，平均漲幅亦只有 0.9% 而已。不過，沽空比率若達 18% 或以上超高位置，恒指在隨後 20 日走勢便較明顯，上升比例為100%，即全數錄得上升，平均升幅達 5.4%【圖 4，紅點】。

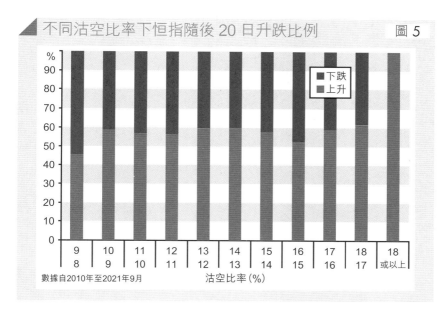

不同沽空比率下恒指隨後 20 日升跌比例　　圖 5

圖例： ■ 下跌　■ 上升

數據自2010年至2021年9月　　沽空比率(%)

事實上，2020 年 3 月 16 日和 5 月 29 日沽空比率曾分別高達 18.1% 和 20.6%，恒指在隨後 20 個交易日錄得 4.7% 和 5.8% 的漲幅。換句話說，若下次沽空比率超過 18%，相信是不俗的短炒入市時機。

第二章

資金流向
藏啟示

各國央行屢次實施量
化寬鬆以維持金融市場
穩定，其主要後遺症就是市
場資金流竄，各類對流動性比
較敏感資產的價格容易出現較大
的波動。正因如此，只要摸清個股
或重磅股份資金流出或流入的動向
與規模，就會較容易及早察覺整
體市況去向的端倪。

7計 企業積極回購
大市距底不遠

常言道，回購（buyback）活動可為股價表現帶來正面幫助，亦可以透視大市後向發展。

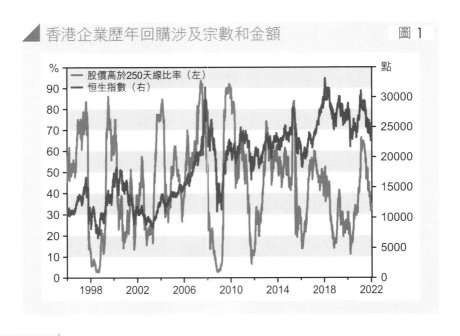

香港企業歷年回購涉及宗數和金額 　　　　　　圖 1

　　以 2018 年市況發展為例，恒指年初從歷史高位節節下挫，不少股份價格已跌至十分低殘，反映全數港股股價高於 250 天移動平均線的長線市寬下降到不足兩成【圖 1】，即只有約 17.5% 個股仍能高於 250 天線。在股價如此低殘環境下，確實吸引不少企業進行回購行動，例如騰訊（00700）和滙豐控股（00005）等。

　　根據港交所披露易數據顯示，2018 年香港上市企業回購的宗數達 4100 多宗，是有紀錄以來第二高，僅次於 2008 年金融海嘯期間約 4200 宗；回購金額則達 523 億元，連續兩年創新高【圖 2】。

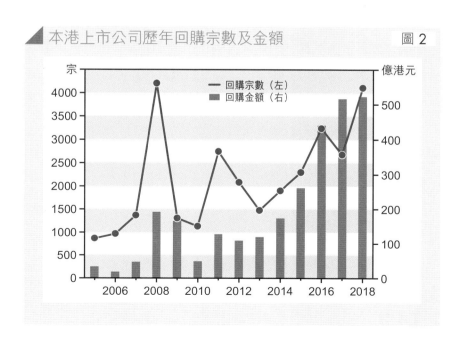

本港上市公司歷年回購宗數及金額　圖 2

如前所述，企業回購活動熾熱，很大程度反映個別股份甚至整體股市已跌至異常偏低，管理層認為現價未能反映公司實質價值，須作回購糾正市場「錯價」情況。由於相關活動令公司流通股份股數減少，故此，回購行動往往可對個股起到一定程度的「沖喜」作用。

事實上，金融海嘯後美國企業回購活動如雨後春筍，正是推動股價（整體大市）屢創新高的主要動力之一。

話雖如此，從現實角度看，回購對股價的幫助卻不能一概而論。眾所周知，影響股價因素眾多，回購只是其中之一，雖然很多時是推升股價的助力，但回購並非代表股價必升的「保證」，尤其當期間剛好遇上大市回落。以滙控為例，於 2018 年第二、第三季進行多輪回購，惟股價卻隨大市反覆下行【圖 3】。

那麼，企業回購對於透視整體大市走勢，又會否帶來一些啟示呢？

比較港股歷年上市企業回購宗數與恒生指數按月走勢，每當回購宗數反覆回升至 500 宗或以上時，恒指往往會在相若時間見周期底部，例如 2020 年 9 月回購宗數達 537 宗，恒生指數當月收 23459 點，隨後便輾轉回升，於 2021 年 6 月攀升至 29000 點之上【圖 4】。

滙控（00005）積極回購股價仍跌　圖3

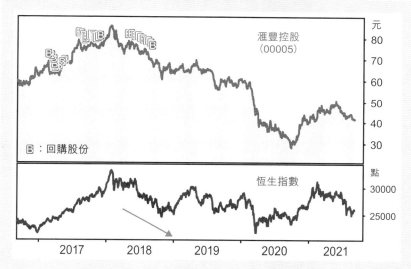

元
80
70
60
50
40
30

滙豐控股
（00005）

B：回購股份

點
30000
25000

恆生指數

2017　2018　2019　2020　2021

港上市公司回購宗數與恒指表現　圖4

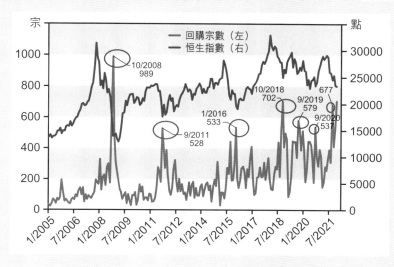

宗

1000
800
600
400
200
0

點
30000
25000
20000
15000
10000
5000
0

—— 回購宗數（左）
—— 恒生指數（右）

10/2008
989

9/2011
528

1/2016
533

10/2018
702

9/2019
579

677

9/2020
537

1/2005　7/2006　1/2008　7/2009　1/2011　7/2012　1/2014　7/2015　1/2017　7/2018　1/2020　7/2021

不過，其中有兩點須留意：

其一，縱使回購宗數已升越 500 宗水平，也不一定代表恒指會即時見底。事實上，回購宗數於 2008 年 10 月曾飆升至近千宗的歷史高峰，惟在這極端市況下，恒指要在 4 個月後才出現周期底部；又或於 2021 年 9 月，回購宗數飆升至 677 宗，隨後的 10 月份，恒指（港股）確實曾出現過逾一成的反彈；不過，由於當時受到中央加強對新經濟股的監控和內房違約等多項負面因素衝擊下，恒指反彈過後還是重拾跌勢。

其次，回購宗數攀升至高位時，如單月多於 500 宗，代表為數不少的企業管理層都有一個（不明文的）共識，就是現在股價已過分低殘，未能反映企業的真正價值。事實上，從歷年回購宗數升越前述 500 宗的門檻時，恒指經周期調整市盈率（CAPE；詳見「第34 計」介紹）往往都是在 11 倍以下。換個角度看，當回購活動愈趨活躍，意味股價和估值都跌至十分便宜的水平（當然，股價和估值便宜，不一定代表會出現即時反彈）。

8計 企業集資熱鬧 預示市況逆轉？

　　螞蟻集團 2020 年 11 月初的上市計劃突遭煞停，令本港 IPO 活動短暫沉寂，但隨着北水助攻，恒指於 2021 年 1 月下旬突破 3 萬點高位，市場氣氛再度升溫，連帶招股和配股集資活動都變得熱鬧起來。

　　2021 年 1 月 29 日，內地短視頻平台快手（01024）截止新股認購。據悉，公開發售部分錄得超過 140 萬宗申請，涉資 1.28 萬億元，相當於超額認購 1218 倍，集資活動的熾熱程度，與 2020 年螞蟻招股時不遑多讓。事實上，根據彭博統計，2021 年 1 月本地已宣布透過 IPO 和配股等渠道集資金額達 1384 億元，是 5 個月以來新高。

　　每當 IPO 或配股等集資活動變得異常活躍時，投資者不宜對此掉以輕心，始終大量資金被抽走後，市況可能隨時出現調整，甚至轉勢。

於「IPO 集資金額佔比」（即於 26 周累計 IPO 集資金額佔總股票數目百分比）升越近 10 年來徘徊區頂部，顯示當時 IPO 集資活動已異常活躍。然而，這並沒有對港股走勢帶來太大壓力，反而在北水瘋狂湧入，市場景氣持續改善下，整體集資活動變得更為熾烈。

從供股／配股連 IPO 集資金額（26 周累計）佔總股票數目百分比（下稱「總集資金額佔比」）可見，在 2019 年底短暫回調鞏固後，2020 年初便再度飆升，至 2021 年初已達 2.74 億元【圖 1】，即過去半年平均每間上市企業「吸水」金額，已回到 2015 年 10 月後高位，對後市走勢構成愈來愈大的壓力不容忽視。

 總集資金額佔比抽升　　　　　　　　　　　　圖 1

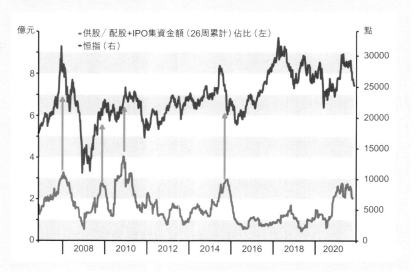

除 IPO 外，配股／批股等集資活動，同樣對後市發展有一定啟示作用。

計算供股（配股）集資活動（26 周累計）涉及金額佔整體股票數目比率（下稱「供股配股集資金額佔比」），其數值可反映每間上市公司平均集資金額（由於整體港股數目不斷上升，扭曲配股等集資數字呈上升的態勢，所以在檢測相關數據時，須除以總股票數目，藉以撇除股票數目增加對集資訊息的影響），該佔比於 2019 年初開始由約 1410 萬元的谷底反覆彈升，截至 2020 年第三季初已增至約 1.7 億元。

▲ 供股配股集資金額佔比與恒指　　　　　　　　　　　　圖 2

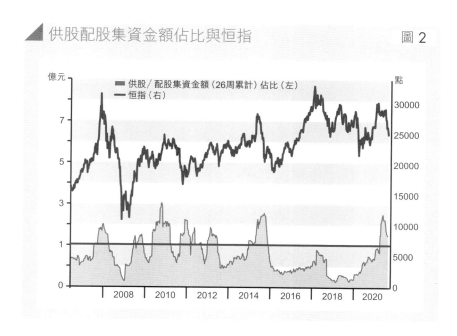

從歷年數據顯示，「供股配股集資金額佔比」警戒水平約為 1 億元或以上【圖 2】，因為每當觸及門檻，恒指往往都是處於上升周期末段，甚至可能已開展調整階段。

無論如何，集資活動轉趨活躍，不一定代表股市會即時回落，反而初期甚至出現同步的情況，即集資活動增加，股市傾向造好，這從集資新聞統計很多時與恒指呈亦步亦趨情況可見一斑。可是，始終市場「抽水」活躍程度達致臨界水平後，意味大量資金被抽走，港股在這市況下較容易出現調整，甚至有可能轉勢。

9 計 北水湧入 港市Ａ股化

2021年初，港股氣勢如虹，逆轉2020年的頹勢，很大程度是得力於北水「助攻」。

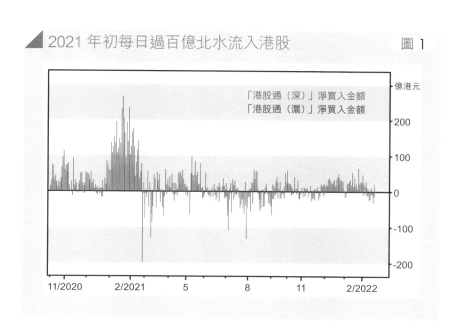

2021年初每日過百億北水流入港股　　　　　　　　圖1

「港股通（深）」淨買入金額
「港股通（滬）」淨買入金額

億港元

200

100

0

-100

-200

11/2020　　2/2021　　5　　　8　　　11　　2/2022

2021 年 1 月資金透過「滬港通」和「深港通」渠道（即北水）吸納港股的情況進一步升溫，甚至熾熱，首 10 個交易日每天均錄得過百億元淨流入【圖 1】，在 1 月底累計金額已突破 3000 億元，至 6 月底更已達 4652 億元，其後才逐步回落。

　　從 2021 年初至 6 月底北水累計流入變化，可見不論從上升速度抑或增加幅度，均較過去 6 年同期表現為急且大【圖 2】，情況強勁確實非比尋常。為何北水會如此義無反顧湧入港股呢？一個字：抵。

▲ 各年「港股通」累計淨流入金額變化　　　　　　　　　　圖 2

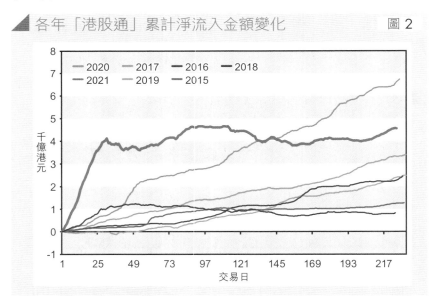

　　港股及環球股市 2020 年首季見「肺疫底」後便開始反彈之旅，惟回升力度大部分時間差強人意，並給其他股市比下去。事實上，2020 年環球多個股指，例如 A 股、MSCI 新興市場指數，以至納

指 100 等等，雖然經歷疫情洗禮，但 2020 年全年分別錄得一成半至逾四成的升幅，反之，恒指和國指卻跌約 4%。

　　港股表現大落後，除因為疫情衝擊外（這點其他市場同樣面對），社會運動帶來內耗，加上過去兩年中美博弈，美國推出針對香港的政策，例如取消《香港關係法》，以至制裁部分中資股等，無不衝着港股而來，令恒指大部分時間較其他市場遜色。

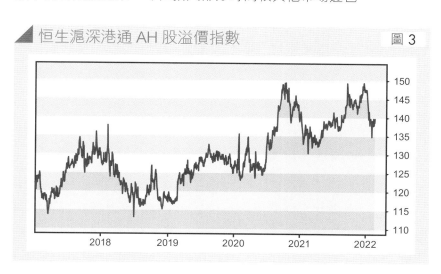

▲ 恒生滬深港通 AH 股溢價指數　　　　　　　　　　　　　　圖 3

　　然而，經過持續近兩年的頹勢後，港股估值變得便宜。截至 2020 年 10 月底止，信報恒指經周期調整市盈率（CAPE）只有 11.24 倍而已；同期恒指滬深港通 AH 股溢價指數更攀升至 2009 年金融海嘯以來的高位 148.4【圖 3】，反映 H 股相對 A 股存在甚高折讓。再加上 2020 年底美國大選，民主黨拜登勝出，令投資者憧憬中美緊張關係將有所緩和，遂觸發當前北水湧入港股的盛

況。這也解釋為何美國大選後，港股才明顯轉為強勢。

無論如何，北水已成為恒指攀至 2018 年 1 月後新高的主要動力，顯示中港股市的關係更形密切，循北水成交額（「滬深股通」買入及賣出成交額）佔整體港股成交比率（下稱「北水成交佔比」）近年來的變化，可帶出兩個重要訊息：

第一，「北水成交佔比」往往都在一成多或兩成以下上落。不過，自 2019 年下旬開始，這比重便呈反覆向上，20 日移動變化於 2021 年初更上升至約 30%。隨着更多中概股回歸，或中資股來港上市集資，預料這比率在未來數年繼續反覆攀升的機會不低。北水對港股走勢的影響將與日俱增；而從北水資金流向的特性，可以預見港股的波幅將出現結構性改變，即逐步呈現 A 股化特性。

此外，每當北水成交佔比一輪急升，並且攀升至高位後便開始掉頭回落，恒指隨後表現不是處於橫行反覆，便是下滑的走勢【圖 4】，直至北水重新流入。這點也許不難理解，當北水流入持續一段時間後，一旦退潮，大市表現自然呈呆滯，甚至有沽壓。

其次，從歷年角度看，這資金流向（50 日移動累計數字）與恒指的變化，關連性其實不算十分高；即北水流入，不一定代表恒指必然造好，反之亦然。話雖如此，若從個股層面看，情況又如何呢？

北水成交佔比與恒指

圖 4

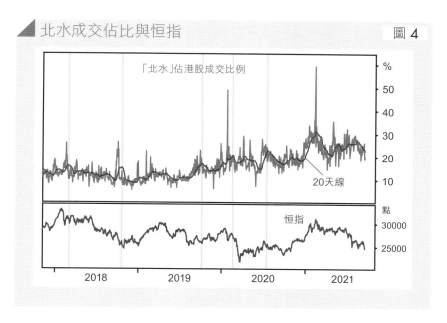

由 2019 年底至 2020 年 6 月 19 日，恒指累計下挫約 12.6%，在當時接近 460 隻「滬深港通」合資格股份中，有 211 隻期內表現勝恒指，佔比率約 46%。不過，若然把這 400 多隻合資格股份名單，按 2019 年底至 2020 年 6 月中淨流入情況，分別劃分為北水淨流入和淨流出兩組，可發現獲得北水青睞的一組，股價跑贏恒指比率達 63%，較整體平均的 46% 和錄得北水淨流出的一組只有 24% 為佳。

若然我們只觀測最多北水淨流入首 30 位股份（按價值計），更可發現僅 4 隻股份期內跑輸恒指【圖 5，紅柱】，平均升幅達 47%。換言之，受北水垂青的股份，股價表現往往相對堅挺，甚至

可遠遠拋離恒指同期表現。若從揀股策略角度初步來看，這或許是一個不俗的選股方向。

北水淨流入首 30 大股份   圖 5

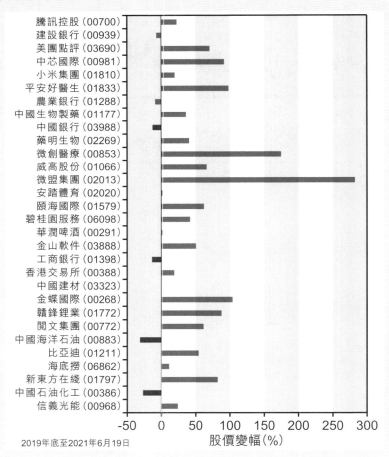

2019年底至2021年6月19日
股價變幅(%)

10計 輪證資金流
與大市同步

　　除股票沽空外，筆者認為更多出現挾倉活動的戰場，其實是在恒指牛熊證及窩輪等衍生工具上，而資金淨流入恒指窩輪／牛熊證（輪證）的資金流向（20 日移動變化；下稱「恒指衍生工具資金流向」），跟恒指走勢呈亦步亦趨情況【圖】。

恒指與衍生工具資金流向關連性高

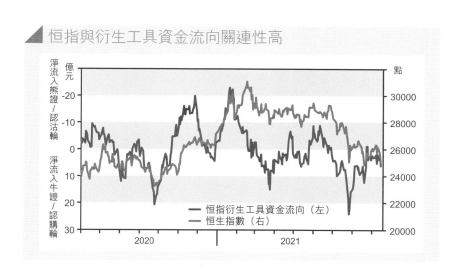

更具體而言，每當資金逐步淨流入熊證和認沽輪時，恒指多呈上升趨勢；反之，當資金淨流入牛證和認購輪時，恒指多表現疲弱。

　　事實上，過去一年，「恒指衍生工具資金流向」與恒指關連系數達 -0.72 的頗高水平，比起沽空比率與恒指的關連系數只有 -0.17，顯示衍生工具更具測市作用，對窺探後市發展有一定參考價值。這也解釋了為何牛熊證街貨比例攀升至約七成高位，或跌至約三成低位後，恒指往往便會轉向。

11 計 兩組資金流向 啟示科技股表現

　　近年崛起的方舟投資（ARK Invest）創辦人、被稱為「女股神」或「連登契媽」的 Catherine Wood，公司旗下的 5 隻主動型ETF，於 2020 年成了美國掛牌最突出表現的二十大內，它們分別為 ARKK（投資革新技術）、ARKQ（投資自主技術與機器人）、ARKW（投資 Next 物聯網）、ARKG（投資生物基因科技）、ARKF（投資金融科技創新），2020 年回報均逾 1 倍【圖 1】，遠遠跑贏標普 500 指數，甚至納指 100！不過，2021 年表現則呈明顯走樣。

　　無論如何，「契媽」打理的基金（ETF）可說「食正」2020 年新經濟的投資主軸，除帶領這些 ETF 有突出表現外，也吸引不少資金湧入，僅是上述 5 隻 ETF 於 2020 年便錄得超過 200 億美元資金淨流入，令其合計總市值由年初的 30.7 億美元，激增至年底的344 億美元。

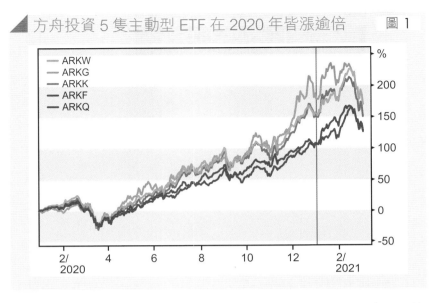

方舟投資 5 隻主動型 ETF 在 2020 年皆漲逾倍　　圖 1

（圖例）
ARKW
ARKG
ARKK
ARKF
ARKQ

（縱軸）%　200　150　100　50　0　-50

（橫軸）2/2020　4　6　8　10　12　2/2021

由於投資者對「契媽」打理的 ETF 趨之若鶩，某程度上她順理成章成為在創新科技投資板塊上領軍人物；換個角度看，上述 5 隻 ETF 的資金流向變化，或多或少可反映投資者對該板塊前景的看法。

科指恐受「散水」所累

上述 5 隻 ETF 合併每日資金淨流入（20 日移動平均，下稱「ARK 資金流向」）與恒生科技指數走勢頗為密切【圖 2】；在 2020 年 8 月至 2021 年 7 月底一年間，兩者關連系數約達 0.7 頗高水平（不過隨後關係變得鬆散）。踏入 2021 年第一季，流入 ARK 資金急速退潮，第二季後，「ARK 資金流向」更經常錄得資金流出，反映資金撤出「契媽 ETF」，這某程度亦預示科指難有運行。

科指與 ARK 資金流向初期走勢較密切　　圖 2

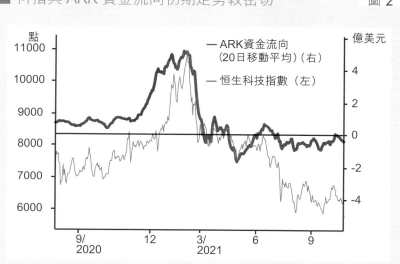

科指與相關 ETF 資金流向　　圖 3

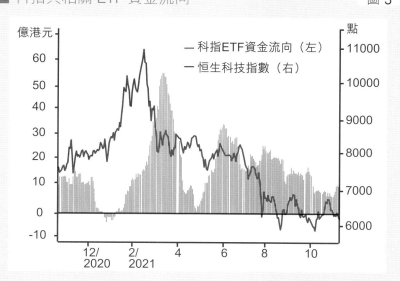

此外，從恒生科技指數 ETF（不包括槓桿 ETF），如南方恒生科技（03033）和安碩恒生科技（03067）等合併資金流向變化（20日累計移動變化；下稱「科指 ETF 資金流向」）可見，2021 年 2月下旬至 3 月上旬、即科指急挫期間反而錄到大量資金湧入【圖 3】，代表當時有不少投資者入市接火棒而「蟹咗」。隨後「科指 ETF 資金流向」維持反覆下滑至同年第四季初才喘穩，這與「ARK 資金流向」變化相若，即本地投資者在這段期間亦尚未再次積極吸納本地科技股（相信頂頭蟹貨阻力不輕）。

由此可見，「ARK 資金流向」和「科指 ETF 資金流向」，對本地科技股表現具有一定啟示作用。

12 計 資金流向指標與港股息息相關

　　要觀測香港有否「走資」，可參考的指標甚多，包括美元兌港元滙價、港元同業拆息（HIBOR）及港元遠期滙率等等。簡言之，若有資金流入或流出本港，代表市場對港元需求將增大或減少，這將直接牽動港滙和利率等市場數據的變化。

　　如果港元短期資金流出壓力增大，便可以觀測到港元滙價將逐步移向弱方兌換保證（7.85），當然，當美電滙價移至（貼近）該位置時，由於金管局會以弱方兌換保證水平向銀行買入港元支持港滙，令美電滙價屆時便未能再有效反映資金進出情況，這時便要觀測本港銀行體系總結餘（屬貨幣基礎組成部分）的變化，了解港元的沽壓多大。

　　為方便監察港元資金流向，筆者早年利用了 3 項指標：1. 美電滙價、2. 金管局銀行體系結餘、3. 美電遠期點子，參考彭博金

融狀況指數（Bloomberg Financial Conditions Index）的做法，把以上 3 項指標標準化至 -3 至 +3 之間，並作加權分配，編製出「香港資金流向綜合指標」【圖】。簡單來說，每當「指標」上升，某程度便反映有資金流入香港，下跌代表資金流出。

從歷史表現看，香港資金流向綜合指標走向與恒生指數有一定密切性（雖然這密切關係間中會變得鬆散），故從資金流向指標的變化，間中亦可以窺探港股短期走向。

信報香港資金流向綜合指標與恒生指數

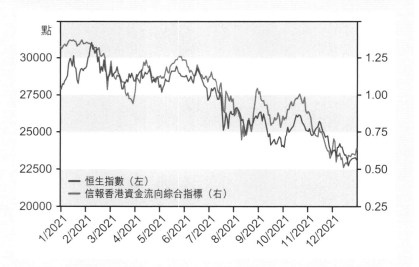

第三章

技術分析
判牛熊

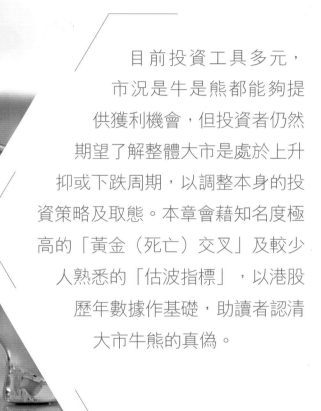

目前投資工具多元，市況是牛是熊都能夠提供獲利機會，但投資者仍然期望了解整體大市是處於上升抑或下跌周期，以調整本身的投資策略及取態。本章會藉知名度極高的「黃金（死亡）交叉」及較少人熟悉的「估波指標」，以港股歷年數據作基礎，助讀者認清大市牛熊的真偽。

13計 交叉論牛熊

坊間有不少預告指數進入牛市或熊市的訊號，其中有兩個「交叉」深入民心，它們都涉及常用的移動平均線：10天線、50天線、250天線，短期平均線突破長期平均線稱為「黃金交叉」，相反，短期平均線跌穿長期平均線就稱為「死亡交叉」。

「黃金交叉」可以分為長線／終極（50天線向上突破250天線）或短線／小型（10天線升越50天線），「死亡交叉」亦一樣。值得留意的是，也有分析以20天線或100天線與其他平均線的「交叉」作訊號，惟似乎未算普及。

黃金交叉

一直以來，不少投資者都視「長線（終極）黃金交叉」（下簡稱為黃金交叉）為中長線利好訊號。是耶？非耶？筆者試從回溯測試角度探討這課題。

　　根據歷史表現，恒指黃金交叉其實並不算一個十分可靠的入市
訊號，近十多年的情況尤甚。自 1975 年至 2020 年底，恒指合共
發出 29 次「黃金交叉」訊號，其中潛在最大升幅超過一成半的只
有 17 次，比例稍低於六成；惟這些記錄多在較早期做出，若然統
計時間改由 1995 年開始，相關比例只是一半半，即 15 次訊號中，
僅 7 次其後恒指飆升一成半或以上。

　　值得注意的是，在這 29 次黃金交叉訊號中，恒指期內最大升
幅少於 5% 多達 9 次，比重佔三分一。換言之，黃金交叉訊號後，
恒指有三成多機會差不多見頂回落【圖 1】！當然，黃金交叉也非
完全不準確，此入市訊號間中也錄得不俗表現，以 2016 年 8 月為

◤ 黃金交叉訊號發出後恒指最大升幅　　　　　　　　圖 1

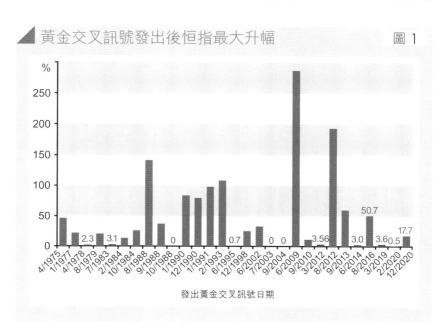

發出黃金交叉訊號日期

例，恒指其後最大漲幅達 50% 以上。

　　話雖如此，以往發出該訊號後，縱使稍後獲確認為「真黃金交叉」，恒指走勢往往先來個反高潮（即先回吐），隨後才再向上攀升。出現如斯情況也許不難理解，因為當 50 天線升越 250 天線，往往意味恒指已累積若干漲幅；故此，恒指在訊號發出後先作回吐才再續升浪，不應感到意外。另一角度看，這或代表恒指出現中長線「利好」的黃金交叉訊號後，市況很多時或會出現反高潮，指數或先回軟才重拾升勢。

　　筆者根據回溯測試顯示，恒指發出黃金交叉後，在首 18 個交

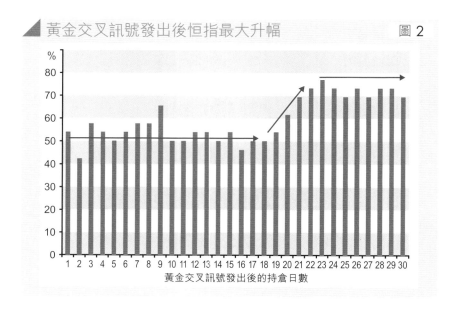

▲黃金交叉訊號發出後恒指最大升幅　　　　　　　　圖 2

黃金交叉訊號發出後的持倉日數

易日的贏面百分比（即上升比例）平均只處約 53% 的較低位置，較 19 個至 30 個交易日後平均高達 70%【圖 2】，低近 17 個百分點。換言之，「真黃金交叉」後隔一個月左右才入市，贏面較高。

筆者再以回溯測試，分析把黃金交叉視作入市訊號，若按出現黃金交叉作為入市策略，中長線而言是否奏效呢？

歷年黃金交叉訊號 表 1

訊號編號	發出訊號時間	訊號結束時間	訊號編號	發出訊號時間	訊號結束時間
1	22/4/1975	24/11/1976	16	4/12/1998	30/10/2000
2	11/1/1977	16/9/1977	17	6/6/2002	24/7/2002
3	19/4/1978	16/1/1979	18	15/7/2003	29/6/2004
4	16/8/1979	14/10/1981	19	6/9/2004	19/3/2008
5	14/7/1983	11/10/1983	20	16/6/2009	7/6/2010
6	10/2/1984	29/6/1984	21	22/9/2010	11/7/2011
7	16/10/1984	2/12/1987	22	23/3/2012	4/6/2012
8	22/8/1988	31/8/1988	23	29/8/2012	22/7/2013
9	7/9/1988	20/9/1988	24	19/9/2013	14/3/2014
10	7/10/1988	5/7/1989	25	3/6/2014	26/8/2015
11	5/1/1990	19/10/1990	26	11/8/2016	31/7/2018
12	31/12/1990	7/1/1991	27	22/3/2019	29/8/2019
13	23/1/1991	3/2/1993	28	18/2/2020	9/3/2020
14	19/2/1993	29/6/1994	29	10/12/2020	20/8/2021
15	8/6/1995	4/11/1997			

自 1970 年至 2019 年初，恒生指數合共曾發出 26 次黃金交叉訊號，結束時間為恒指 50 天線由上而下跌穿 250 天線（即出現死亡交叉）【表 1】。

以本金 10 萬元計算，按黃金交叉發出及結束作為入市和沽貨的策略，經過近 50 年操作後，本金滾大至約 227 萬元【圖 3】，即期內增幅逾 22 倍，複合年均增長率（CAGR）為 6.2%。

恒指黃金交叉策略與買入持有策略回報　　　圖 3

這個回報率看似不俗，不過，「買入持有」（Buy and Hold）策略全期回報近 70 倍（CAGR 達 8.5%），反映黃金交叉策略表現較為遜色。

事實上，自上世紀七十年代至今，恒指整體走勢呈反覆向上，加上操作沒有止蝕機制，以及黃金交叉策略持倉時間只有六成左右（58.9%），平倉做法（即發出死亡交叉訊號時平倉）亦比較滯後，故此表現跑輸「買入持有」策略，也許是預期之內。

當然，投資策略還要看風險。由於兩個策略都沒有止蝕機制，但黃金交叉策略有平倉機制所保護（即發出死亡交叉訊號時平倉），故此，投資風險相對地較低。事實上，黃金交叉策略的最大回撤（Maximum Drawdown，即投資組合由高位回落最大的百分比）為 -58.8%，較「買入持有」策略的 -65.2% 為低。

設止蝕機制較理想

那麼，僅從投資策略角度看，可帶出以下兩個重要疑問：

（一）黃金交叉策略有沒有改善的空間？

（二）它是否屬於理想的投資策略呢？

如前所述，黃金交叉策略沒有止蝕機制，而且平倉的時機比較滯後，對整體投資回報構成一定的負面作用。可以想像，策略若然加入止蝕機制，整體回報和風險水平將有所改善。

事實上，在加入 15% 移動止蝕機制後（Trailing Stop，即持倉時當組合由高位回落 15% 或以上便作平倉），這個經修訂黃金交叉策略的 CAGR 便進一步上升至 6.6%；不要小看這個每年約 0.4

個百分點的差別，經過近 50 年操作後，這與沒有止蝕機制的黃金交叉策略回報差距便拉闊至 55 萬元。

當然，經修訂的黃金交叉策略回報仍然遠低於「買入持有」的策略（始終沒有止蝕的關係）。然而，從風險角度看，加入止蝕機制的黃金交叉策略，其最大回撤降至 -48%，較修訂前的 -58.8% 為佳，也遠低於「買入持有」策略的 -65.2%【圖 4】。

黃金交叉策略及買入持有策略最大回撤比較　　　　圖 4

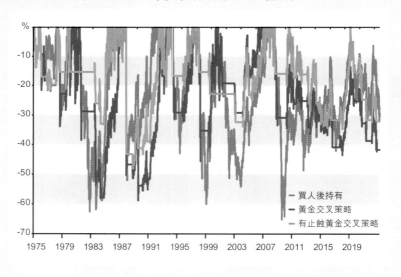

那麼，黃金交叉策略是否理想的投資策略呢？

以一個追勢（Trend Following）系統而言，原裝黃金交叉策略或經修訂（即設止蝕機制）策略的贏面百分比（Winning

Percentage）分別達 55.2% 和 58.6%，可説未算十分理想，而且從回報率角度看，則略嫌偏低。

恒指小型黃金交叉策略

除了長線黃金交叉，10 天線升穿 50 天線被稱為「小型黃金交叉」，若以這個指標作入市策略，長線究竟是否有利可圖呢？

根據過去 30 年（截至 2022 年 1 月 20 日）回溯測試顯示，當發出「小型黃金交叉」訊號時買入恒指或盈富基金（02800），直至出現「小型死亡交叉」（即 10 天線再與 50 天線相交）時平倉，這策略贏面只有 39.3%（少於一半），即 89 次中只有 35 次可以獲利。

不過，讀者又不用太灰心，因為這策略的 CAGR 達 5.6%（10 萬元本金可增長至 51 萬元），較買入持有的 4.3%（10 萬元本金增長至 35.5 萬元）更佳。

此外，這「小型黃金交叉」策略的最大回撤幅度為 -41%，亦較買入持有的 -65%，低近 24 個百分點。換言之，「小型黃金交叉」策略顯然較買入持有更優勝，何況前者入市時間約為後者的六成而已【圖 5】。

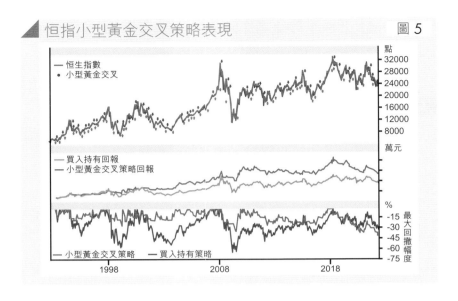

恒指小型黃金交叉策略表現 　　　　　　　　　　　圖 5

為何會出現如斯情況？簡言之，雖然「小型黃金交叉」訊號間中亦有誤鳴情況（所以這策略贏面只有約四成），惟當發出入市訊號後，恒指間中會出現一輪持久且巨大的升浪，令這策略可以錄得不俗的平均回報。

例如恒指 2017 年 1 月 13 日發出「小型黃金交叉」，截至 2017 年 12 月 14 日為止，恒指累積升幅高達 27.2%。順帶一提的是，過去 30 年「小型黃金交叉」策略錄得利潤的 35 次交易中，平均回報為 12.2%，遠遠拋離 54 次虧損交易中的平均 3.88% 跌幅。

那麼，在實質操作上，這投資策略又是否可取呢？其中涉兩大關鍵因素，其一，你是否可以接受投資組合可能出現高達近四成的

最大回撤幅度；其二，未來 30 年的恒指會否如過去 30 年般呈反覆向上的趨勢呢？

死亡交叉

既然有「長線黃金交叉」，自然有「長線（終極）死亡交叉」（50 天線跌破 250 天線，下簡稱死亡交叉），當中也會「誤鳴」。自 1970 年至 2021 年中，恒指合共出現 29 次「長線死亡交叉」，而直至再出現黃金交叉時，恒指最大跌幅表現可劃分為兩大組別，分別是多於 10%（共 14 次）和不足 10%（共 15 次），前者可界定為「真死亡交叉」【圖 6】。

筆者認為，「真死亡交叉」是股市確認進入熊市的訊號。事實上，如何界定熊市？坊間會用指數由高位回落兩成，界定為進入「技術熊市」；當然，也有部分投資者簡單地把指數跌穿 250 天線（美市則普遍採用 200 天線）作為分界。然而，這種劃分方式很多時會「誤鳴」，至於要準確界定是否「見熊」，較有效的做法便是從「長線死亡交叉」着手，而股市跌幅（由高位至熊市低位）最少要達三成，才說得上「真熊」。

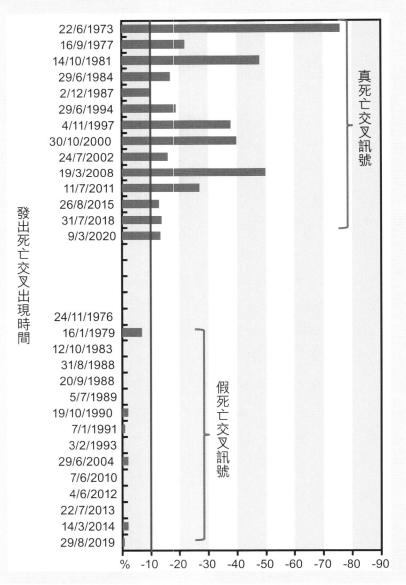

歷年發出死亡交叉訊號後恒指最大跌幅　　圖 6

發出死亡交叉出現時間

真死亡交叉訊號

假死亡交叉訊號

簡言之，港股若跌入熊市，恒指必會發出死亡交叉訊號，卻不是每次死亡交叉出現，都會進入熊市，因此訊號亦有真、偽之分。「真死亡交叉」代表發出訊號後至出現黃金交叉前，恒指最大跌幅達一成或以上。熊市的出現往往都會獲得「真死亡交叉」訊號確認。

由此路進，一般而言，只要從恒指歷次「真死亡交叉」發生時的52周高位，以及「真死亡交叉」訊號期間低位，便可以找出各次熊市的出現時間及高低位水平。若按這方法劃分，自上世紀七十年代至2021年中，港股合共出現14次熊市，期內跌幅一般達三成或以上。例外的情況只有1977年、2018年和2020年的熊市。不過，1977年前一個熊市（1973年），恒指曾插水逾九成，或令緊隨其後的跌市幅度相對溫和，至於2020年的熊市，其實距離三成門檻跌幅差距不遠。

另一個有趣現象，便是熊市與熊市之間出現的間距時間（熊市高位與高位或低位與低位的時間差距），一般都介乎3至4年，中位數間距約為42.8個月【圖7】，這與基欽經濟短周期循環（Kitchin Cycle）時間上頗為吻合。

換個角度看，股市往往是經濟表現的領先指標，即股市走勢某程度是反映經濟（周期）的狀況。故此，港股熊市也隱藏這個周期循環的影子。

牛市高位與之前牛市高位相隔時間　　　　　圖7

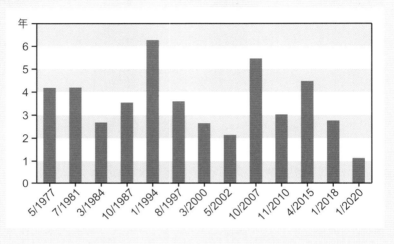

從時空角度看，若按歷年熊市開始（註：熊市開始時間等於牛市結束，亦即牛市高位）和結束時間之間的間距時間中位數推算。當然，這只是從周期循環的角度得出的結果供參考，而且要注意周期之間的差距可以很大。

值得補充一點，個別分析以 250 天線作為「牛熊分界」，即跌穿該線就是熊市，而升越則為牛市。數據顯示，在熊市「谷底」未出現前，恒指反彈收復 250 天線並非罕見，在之前的 12 次熊市中便曾發生 5 次【圖8】，而且在 1994 年和 2007 年的熊市反彈中，恒指甚至可高於 250 天線達 6.8% 和 7.2%！由此可見，以250 天線來確認熊市，誤判機會存在。

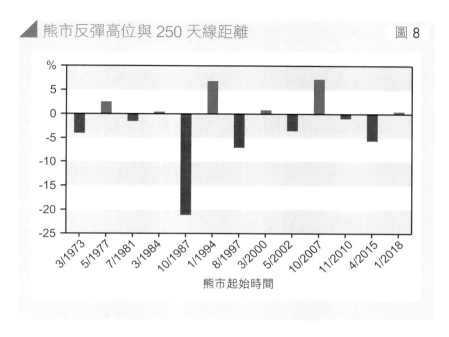

▲ 熊市反彈高位與 250 天線距離　　　　　　　　　　圖 8

至於如何及早分辨出恒指死亡交叉訊號是真是假？

從歷史角度看，恒指並不是經常發出死亡交叉訊號，自 1970 年至 2020 年 50 年裏只曾出現 29 次【表 2】，其中只有 13 個，即第 1、3、5、7、8、15、16、17、18、 20、22、26、27、28 和 29 次屬真死亡交叉，即訊號發出後恒指「最終」錄得超過一成的跌幅。

讀者或許在釐清真偽死亡交叉訊號上有一個疑問，就是為何採用發出死亡交叉訊號後考慮期間「最大」跌幅，而不是僅出現死亡交叉期間的跌幅（即截至發出黃金交叉為止的表現），這是由於死

亡交叉和黃金交叉訊號較滯後，在死亡交叉後再等待黃金交叉出現，縱使並非「誤鳴」，恒指往往亦已從低位回升不少（即收復大部分跌幅）。

此外，當出現死亡交叉後，恒指多數已從高位顯著下挫，若下跌一成準則連同早前累積跌幅，往往已回落兩成或以上，這就足以確認進入熊市。故此，在釐清標準上，筆者使用恒指發出死亡交叉後「最大」跌幅，而非期間的跌幅／表現。

無論如何，恒指出現死亡交叉後最終亦出現深度下挫的次數（即確認真死亡交叉），亦只有約一半機會而已（14次）。換言之，即「死亡交叉」訊號後，恒指會否再深度下挫，也不宜太早下定論。

那麼，回到一個更重要問題，便是如何在訊號發出初期，識別訊號真偽呢？從近 20 年（因部分指標只有約 20 年歷史）恒指發出真死亡交叉訊號時，部分指標表現的特性，或可以幫助我們識別訊號的真偽。這些指標包括：

一、*死亡交叉出現的交易日數*

從歷年真死亡交叉訊號可發現其持續的交易日數（即出現死亡交叉至黃金交叉時的總交易日數），往往達 140 天（即約逾半年）；只有 1984 年 6 月的訊號例外，當時死亡交叉訊號維持只有 74 個交易日【表 2】。換言之，死亡交叉維持的時間愈長，確認是真訊

歷年恒指出現死亡交叉時間　　表2

訊號編號	出現和結束日期	恒指讀數	期間恒指升/跌幅	期間出現交易日日數	出現死亡交叉時50天線10天傾斜率	出現死亡交叉時CAPE
1	22/06/1973 18/04/1975	635.37 306.61	-52%	446	-8.9	-
2	24/11/1976 07/01/1977	385.63 441.34	+14%	32	-0.6	-
3	16/09/1977 18/04/1978	424.62 441.18	+4%	142	-0.2	-
4	16/01/1979 16/08/1979	545.82 615.89	+13%	143	-2.8	-
5	14/10/1981 13/07/1983	1,289.24 1,026.60	-20%	433	-8.3	19.94
6	12/10/1983 09/02/1984	736.70 1,090.10	+48%	81	-6.5	7.09
7	29/06/1984 15/10/1984	901.10 999.10	+11%	74	-2.7	8.04
8	02/12/1987 19/08/1988	2,100.83 2,579.75	+23%	179	-26.5	15.48
9	31/08/1988 06/09/1988	2,443.80 2,502.09	+2%	5	-2.9	16.52
10	20/09/1988 06/10/1988	2,423.23 2,427.04	0%	12	-4.3	16.32
11	05/07/1989 04/01/1990	2,350.67 2,867.95	+22%	127	-15.1	13.56
12	19/10/1990 28/12/1990	2,991.95 3,053.73	+2%	48	-7.2	12.89
13	07/01/1991 22/01/1991	3,026.52 3,062.08	+1%	12	1.5	12.41
14	03/02/1993 18/02/1993	5,710.80 6,186.94	+8%	12	-7.2	16.10
15	29/06/1994 07/06/1995	8,640.31 9,382.58	+9%	233	-11.5	19.36
16	04/11/1997 03/12/1998	10,780.78 10,046.15	-7%	268	-103.3	14.35
17	30/10/2000 05/06/2002	14,799.90 11,402.38	-23%	389	-45.2	18.42
18	24/07/2002 14/07/2003	9,971.99 10,122.40	+2%	241	-24.6	12.52
19	29/06/2004 03/09/2004	12,116.30 12,948.10	+7%	48	-12.6	16.57
20	19/03/2008 15/06/2009	21,866.94 18,498.96	-15%	302	-94.9	21.64
21	07/06/2010 21/09/2010	19,378.15 22,002.59	+14%	75	-28.9	14.47
22	11/07/2011 22/03/2012	22,347.23 20,901.56	-6%	175	-26.7	14.88
23	04/06/2012 28/08/2012	18,185.59 19,811.80	+9%	61	-44.7	11.14
24	22/07/2013 18/09/2013	21,416.50 23,117.45	+8%	40	-26.2	11.77
25	14/03/2014 30/05/2014	21,539.49 23,081.65	+7%	52	-15.0	11.51
26	26/08/2015 10/08/2016	21,080.39 22,492.43	+7%	235	-80.1	10.13
27	31/07/2018 22/03/2019	28,583.01 29,113.36	+2%	160	-41.3	12.03
28	29/08/2019 17/02/2020	25,703.50 27,959.60	+9%	116	-26.6	10.32
29	09/03/2020 09/12/2020	25,040.46 26,502.84	+6%	188	-23.6	10.39

號的機會便愈大。值得一提的是，自上世紀九十年代開始「誤鳴」
的死亡交叉，大部分維持時間都少於 3 個月。

二、死亡交叉當日 50 天線傾斜率（slope）

發出死亡交叉當天，50 天線在 10 個交易日的傾斜率若低
於 -40（這意味 50 天線以頗為傾斜的斜率跌穿 250 天線），恒指
死亡交叉往往都屬於真訊號；唯一例外是第 23 次（2012 年 6 月
時），當時或受到聯儲局稍後推出 QE3 及 QE4 所扭曲及影響。

三、死亡交叉當日港股股價高於 250 天線比率（長線市寬）

儘管並不是所有真死亡交叉發出時，港股長線市寬都低於
30%，惟若然發出訊號時是低於此門檻，屬真死亡交叉的機會甚

出現死亡交叉時港股長線市寬讀數　　　　圖 9

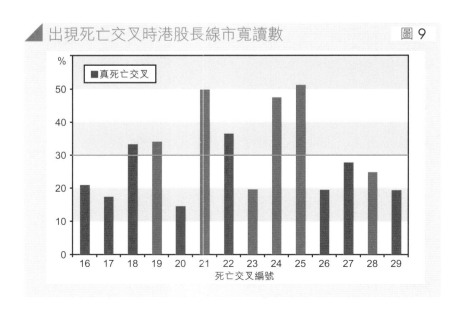

高，唯一例外亦是第 23 次【圖 9】。這點也許不難理解，長線市寬若然跌至不足三成，代表整體大市市底已異常積弱，甚至已有「內傷」，恒指同時出現死亡交叉，可能已是最後一根稻草，確認藍籌股都同樣轉勢向淡。

四、發出死亡交叉時經周期調整市盈率（CAPE）水平

若然死亡交叉出現時，再加上市場估值已十分昂貴，屬於真訊號的機會亦相對較高。自上世紀八十年代至今，死亡交叉出現時，恒指 CAPE 處於 17 倍或更高水平只曾經出現 4 次，這 4 次隨後全都確認為真實死亡交叉訊號。

不過，要留意的是，估值便宜並不代表不會出現真死亡交叉，例如 1977 年和 2015 年（即第 7 次和 26 次）時的 CAPE 只有 8.04 倍和 10.13 倍。

預測熊市谷底

那麼，當發出「真死亡交叉」訊號，恒指最終跌到幾時？什麼位置才見底呢？

歷年「真死亡交叉」期間恒指最大跌幅中位數約 25%，惟運用中位數（或平均數）推算潛在跌幅也許未必準確；如果配合港股估值（CAPE），便可見估值便宜，潛在跌幅確將相對溫和；反之亦然【圖 10】。

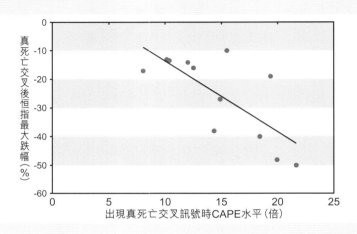

從估值測算恒指潛在跌幅　　　　圖 10

（縱軸）真死亡交叉後恒指最大跌幅（%）

（橫軸）出現真死亡交叉訊號時CAPE水平（倍）

　　在出現「真死亡交叉」後，參考上世紀九十年代至 2016 年的 7 次往績，可見由發出訊號至恒指跌至周期低位，平均需時 7 個月左右；若參考 2002 年和 2015 年估值相對便宜的「真死亡交叉」訊號，運行至底部歷時亦分別須 8.6 和 5.2 個月，即平均約 6 個月【圖 11】。

　　例外的有 2011 年 7 月、2018 年 7 月和 2020 年 3 月的真死亡交叉；2011 年的情況或許受到聯儲局進行扭曲操作（operation twist），把長債債息由當時逾 3 厘推至 2 厘以下，以及宣布推新一輪 QE，或令熊市見底時間稍快；2020 年則因為新冠疫情爆發，

發出真死亡交叉訊號至出現周期低位需時 圖 11

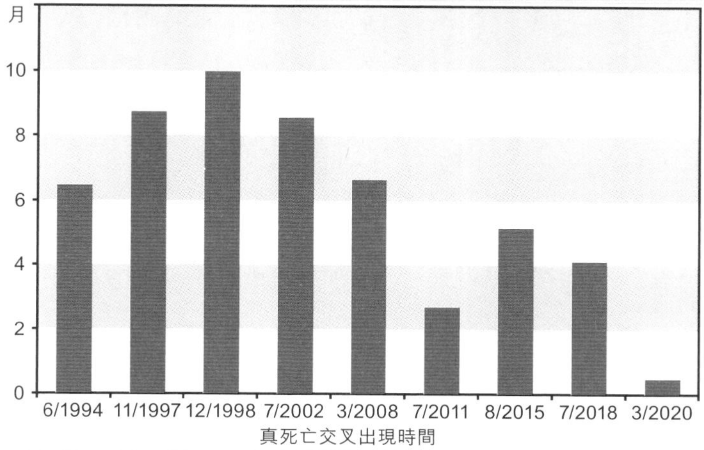
月
10
8
6
4
2
0
6/1994
11/1997
12/1998
7/2002
3/2008
7/2011
8/2015
7/2018
3/2020
真死亡交叉出現時間

聯儲局推無限 QE，令熊市短時間內見底所致。

投資者可以藉此估算「熊去牛來」的時機。

此外，參考長線市寬表現亦可衡量「真死亡交叉」維持的時間。自 1996 年有統計以來，恒指發出該訊號後，港股長線市寬往往會跌至約 15% 或更低位置才見底（2000 年和 2002 年除外，惟當時密集出現連綿跌市，且死亡交叉為時頗長）【圖 12】；代表直至長線市寬回到 15% 或更低水平並且掉頭回升之時，便距離大市見底時間不遠了。

從歷年熊市中可見，「終極低位」與 250 天線距離最少達 28%【圖 13】（中位數為 46.4%），例外情況同樣出現於 1977 年和 2002 年。不過，2018 年的死亡交叉，恒指與 250 天線差距最多只有 19.4%，也較平均值細。

換句話說，從歷年「死亡交叉」訊號，配合估值（CAPE）、長線市寬或 250 天線，我們可以評估恒指是否已經見底。

◢ 歷年發出真死亡交叉訊號時長線市寬表現　　　　圖 12

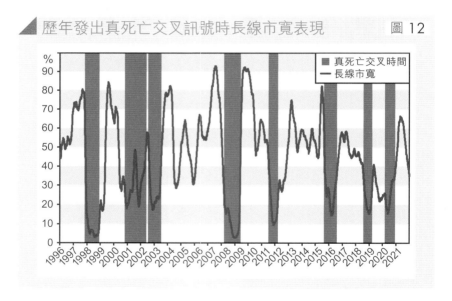

恒指真死亡交叉後最低位與 250 天線距離　圖 13

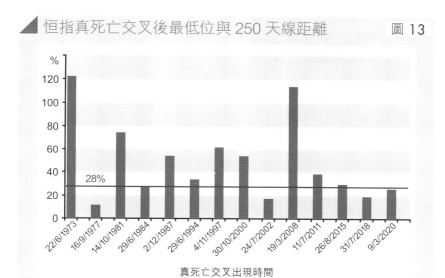

真死亡交叉出現時間

14計 估波指標 命中率高

估波指標（Coppock Indicator）是技術指標（Technical Indicator）的一種，是從指數或股價本身的走勢衍生出來，類似讀者常用的相對強弱指數（RSI）及 MACD。這指標主要用作捕捉股市見底訊號，早期的估波指標算式是應用在每月數據上。

計算程式如下：

Coppock Indicator = WMA10（ROC14 + ROC11）

WMA = Weighted Moving Average（加權平均數）

ROC = Rate of Change（變化速率）

若以文字表述，「估波指標」計算方法就是 14 個月和 11 個月指數變化相加後的 10 個月加權平均數。換言之，估波指標是指數變速的移動平均值，與一般如移動平均線等追隨趨勢的指標沒有太大差異（只是運算方式不同）。

順帶一提,「估波指標」程式參數的釐定,有趣之處是參考哀悼親友所需的復元時間;換言之,上述假設「哭股喪」的時間約為 11 至 14 個月,預計股市下瀉 11 至 14 個月後,市場情緒將有所改善(或逆轉),大市亦理應可以見底回升。

半世紀甚少誤鳴

估波指標的「買入訊號」,是當指標跌至零水平以下並且掉頭回升之時(即停止探底);假如買入訊號發出後,指標尚未升回正數水平,便再度掉頭向下,這便屬於「誤鳴」【圖 1】。至於「沽出訊號」,傳統版本是待估波指標升越零水平後,再次跌穿零(以每月收市價作準)才平倉。

▲ 恒指與估波指標   圖 1

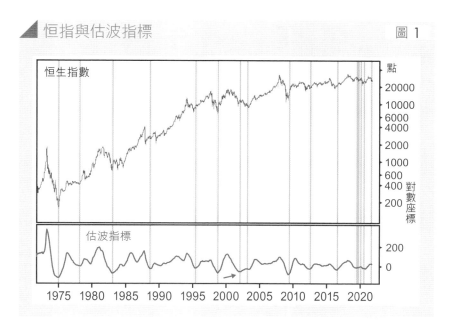

不過，這沽貨訊號顯然十分滯後，故筆者把「沽出訊號」改良至當估波指標升越零水平後，並且由上而下跌穿 48 個月估波指標移動平均線時平倉。雖然這或許不是最理想的平倉策略，惟從回報率看，這比傳統做法相對較佳——複合年均增長率（CAGR）高出約 1 個百分點，即不致令盈利大量流失。

估波指標早期是應用在美股上，自 1947 年至今，標普 500 指數曾發出過 19 次「買入訊號」，僅 3 次屬誤鳴。恒指方面，自 1970 年至 2021 年 12 月近半個世紀，估波指標出現過 15 次「買入訊號」，只有 2002 年初，以及 2019 年至 2020 年連續 3 個訊號屬於誤鳴（或與香港 2003 年出現沙士疫情和 2020 年出現新冠疫情有關），即命中率逾七成！

歷年恒指發出估波指標入市訊號後回報　　　圖 2

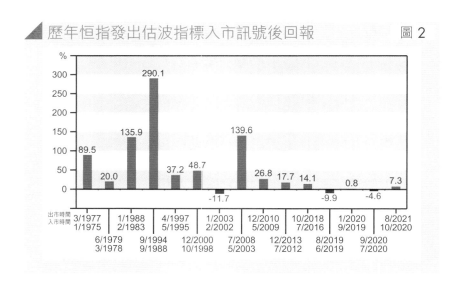

若按這訊號入市，過去 10 次「真訊號」都錄得不同程度的回報；值得留意的是，雖然 2019 年 9 月至 2020 年 1 月屬誤鳴訊號，惟平倉後還可以錄得 0.8% 微利【圖 2】。

必須補充的是，2019 年底至 2020 年受到新冠肺疫影響，令這估波指標出現多次失準，包括 2019 年發出訊號後，指標在 2020 年初升近至零水平後再度回落，以及 2020 年 7 月發出誤鳴訊號。撇除這些特殊因素外，估波指標準繩度甚高。

恒指發出估波指標的「買入訊號」，在入市部署上有三點值得留意。

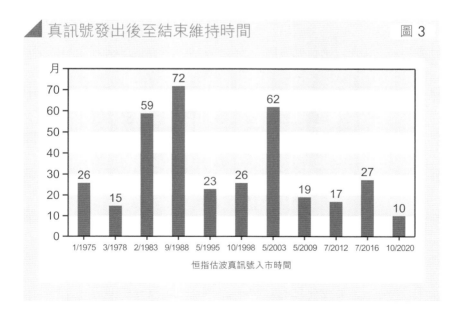

▲ 真訊號發出後至結束維持時間　　　　　　　　圖 3

恒指估波真訊號入市時間

一、這是中長線訊號

從估波指標程式應用在按月數據上，可意會到這是一個中長線訊號；不然，歷年也不會只發出 15 次入市訊號這麼少。

事實上，從歷年恒指發出「真訊號」至平倉所維持的時間，平均長達 32 個月（中位數為 26 個月），最短持貨時間也達 10 個月之久【圖 3】。若只想短炒，這個訊號或許不太合用。此外，由於這個訊號持貨時間動輒以年計，故此投資回報理應加入期內派發的股息，意味這策略的實質回報率應該更高。

二、訊號後不一定迅即開展升浪

從歷年恒指估波指標可見，「買入訊號」發出後，並不代表恒指隨即開展升浪。歷年發出「真訊號」後，恒指首 100 個交易

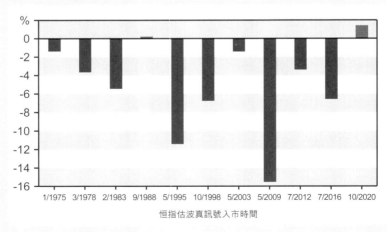

歷年恒指發出真估波入市訊號後首 100 日內最大跌幅　　圖 4

日內（即約 5 個月）多會錄得不同程度的跌幅（11 次真訊號中有 7 次首 100 日內最大跌幅超過 3%，最深達 15.5%），隨後才會開始較長的升浪【圖 4】。過去 10 次「真訊號」後的回落中位數為 3.6%。

嚴守止蝕風險可控

　　無論如何，既然這個估波指標歷年有如斯高準繩度，始終有一定參考價值。讀者只要嚴守策略止蝕，相信當中的風險是可控的。

15計 恒指均值回歸

　　恒生指數 2021 年 1 月終重上 3 萬點，不過，是次突破時已呈深度超買，究竟超買程度有多幾深？經過一輪飆升後，恒指超買程度已達極致。

　　若觀察過去 10 年恒指拋離 50 天平均線百分比變化，可見恒指於 2021 年初已拋離 50 天線達一成以上【圖】，這已相當於過去 10 年平均值加兩個標準差之上，即出現機率少於 5%，情況十分罕見。

　　自 2010 年至 2021 年 1 月，恒指高於 50 天線平均值加兩個標準差只曾出現 6 次（短時間內重複出現當一次處理），早前 5 次分別發生在 2010 年 11 月、2012 年初、2015 年 4 月、2018 年 1 月和 2020 年 7 月。從往績可見，恒指達到如此深度超買後，當確認轉向時，走勢往往會有一個極端移向另一個極端，即反覆下跌

▲ 恒指 2015 年極度超買數周

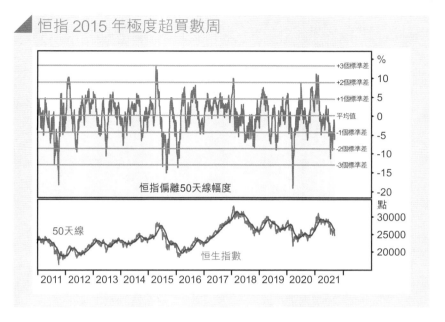

事實上，恒指於 2021 年 2 月 18 日才見 31183 點的近 3 年新高，惟其後輾轉回落，至 10 月初已累挫 24%，符合極度超買、物極必反的情況。

至低於 50 天線 1.5 個甚至 2 個標準差才告喘穩，期內跌幅可逾一成！

不過，有一點須留意的是，以往恒指攀升至如此極致超買狀態，間中可以維持較長時間才確認回落。例如，2015 年 4 月，恒指高於 50 天線逾一成的狀態便反反覆覆維持約 3 個星期才完結。

事實上，恒指於 2021 年 2 月 18 日才見 31183 點的近 3 年新高，惟其後輾轉回落，至 10 月初已累挫 24%，符合極度超買、物極必反的情況。

第四章

按周期
趨吉避凶

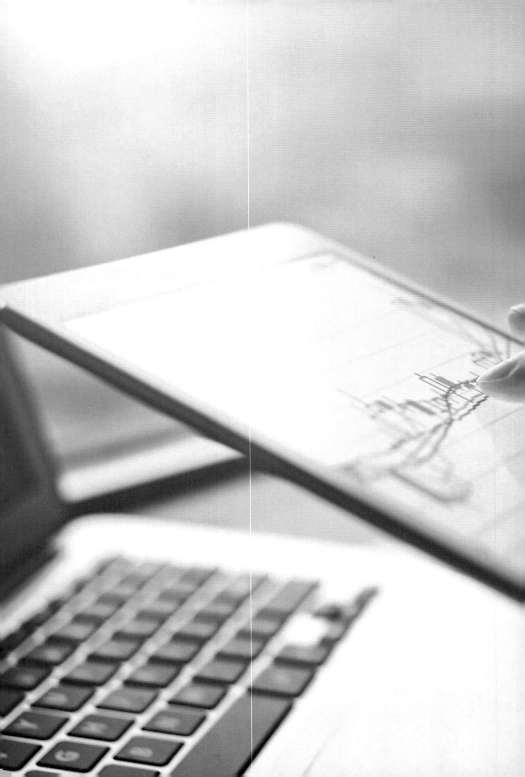

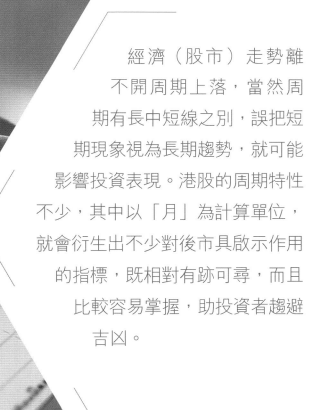

經濟（股市）走勢離不開周期上落，當然周期有長中短線之別，誤把短期現象視為長期趨勢，就可能影響投資表現。港股的周期特性不少，其中以「月」為計算單位，就會衍生出不少對後市具啟示作用的指標，既相對有跡可尋，而且比較容易掌握，助投資者趨避吉凶。

16 計 恒指低波幅 按月怎麼走？

恒生指數按月波幅（即該月最高位減最低位，除以上一個月收市）狹窄，對後市有何啟示呢？2017 年 6 月，恒指月波幅只有 2.1%，是近半個世紀、有紀錄以來的新低。以往恒指出現如斯低波幅，對後市走勢其中一個啟示，很多時在於出現低波幅月後，隨後第二個月的表現。

具體而言，從 1970 年後的 625 個交易月中，月波幅最低的 30 個月波幅率介乎 2.1% 至 4%【圖 1】，而隨後一個月指數的升跌，與之後第二和第三個月的表現有着頗高相關性（關連系數分別為 0.74 和 0.57；即與第二個月的緊密性明顯較高）。簡言之，倘若恒指出現極低波幅率，隨後第二個月恒指錄得升幅（或錄得較大升幅），恒指在之後第三或第四個月同樣傾向有較佳表現（升幅）的機會往往頗高；反之亦然【圖 2、3】。

恒指歷年首 30 個最少波幅月份的分布　　圖 1

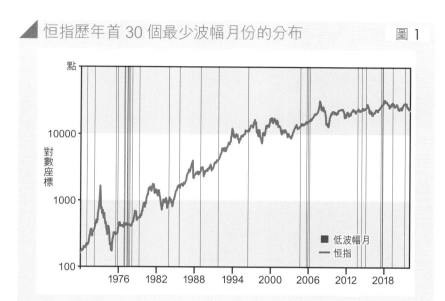

恒指出現極低波幅月後第 2、3 個表現　　圖 2

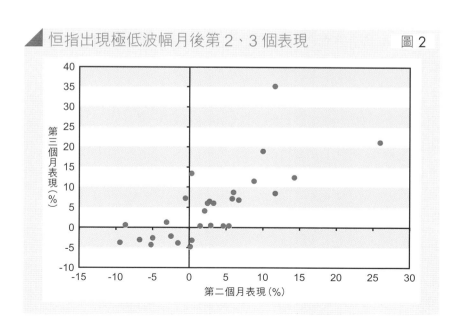

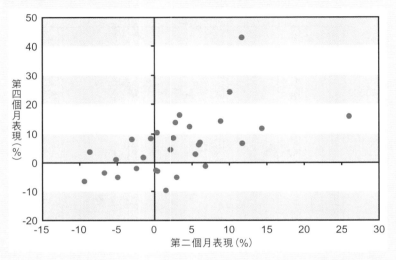

恒指出現極低波幅月後第 2、4 個表現　　　圖 3

出現如斯情況亦不太難理解,若然恒指進入窄幅徘徊(即低波幅),意味大市不是暫沒有明確的方向,便是買賣雙方處於好淡爭持及拉鋸的局面。若然恒指最終出現單邊突破(不論破頂或穿底),有關升勢或跌勢最低限度可持續多一段時間,間接令其後第二與第三個月,又或第二與第四個月的表現的相關性,呈現密切關係。

17計 恒指連升多月 後市有跡可尋

恒生指數在 2017 年 8 月份累積上升 646 點（2.37%），是連續第八個月錄得按月升幅。在整整 8 個月內，恒指累飆近 6000 點（27%），走勢異常強勁（註：這是截至 2021 年底最後一次八連升的紀錄）。恒指出現如此長的按月連升紀錄也非常罕見，這對後市走勢有何啟示？

恒指按月「八連升」有多罕見？自 1970 年至今，恒指錄得 8 個月或以上連續上漲只出現 7 次（包括 2017 年），僅佔總交易月數約 1% 而已【圖 1】；在這 7 次連升紀錄中「八連升」共有 4 次，而連漲 9、10 和 11 個月則各發生一次。

▲ 恒指歷年連升8個月或以上分布 　　　　圖 1

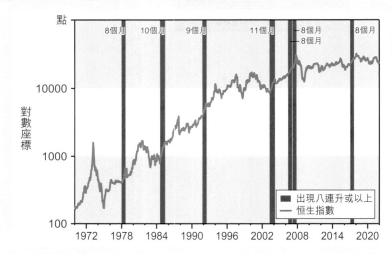

若從投資心理角度看，恒指出現較長的（按月）連升表現（註：六連升及七連升也屬少見），某程度反映投資者對後市持續樂觀或看漲的態度，引發連綿買盤。這種升勢若配合恒指波幅和超買狀況一併分析，往往對後市發展有一定啟示作用。

以往恒指可以錄得較長的連升紀錄，多數是恒指之前較大調整或下跌。以 1984 年和 2003 年的 10 個月和 11 個月連升紀錄為例，當時恒指在之前的一年分別最多下挫 15.9% 和 24.2%，為其他連升紀錄中最大。

那麼，恒指出現按月「八連升」或更長連升的紀錄，究竟對後市有何啟示？這可從恒指出現連升紀錄期間的「月波幅」和「超買

狀況」兩個角度找到端倪。

一、*月波幅*

恒指在 2017 年 6 月出現有歷史以來最低的月波幅後（2.1%），隨後的月波幅雖有所回升，惟之前 8 個月恒指平均月波幅只有 5.3%，是一眾其他連升紀錄中最低；此外，這 8 個月最高月波幅亦只有 8.2%，僅僅略高於 2006 年時的 8.1%【圖 2】。

歷年八連升或以上恒指月波幅的水平　　　　圖 2

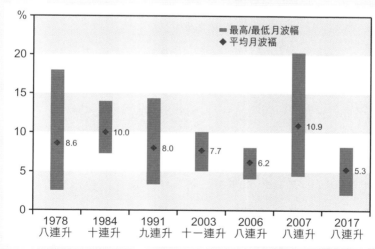

恒指出現較長連升紀錄，期間月波幅高低跟後市表現何干呢？實際是某程度上反映了投資者對後市持續樂觀態度，進而牽動連綿買盤。

不過，這些買盤有否引致恒指出現「消耗性」上升（尤其臨近結束連升走勢前），對後市發展至為關鍵。若此情況出現，可以預期恒指的月波幅將明顯擴大（即最高或平均月波幅處較高水平），當連升走勢完結時，恒指往往亦會出現十分巨大的跌幅。例如 1978 年和 2007 年的八連升，甚至 1972 年的六連升，期內均有甚高的月波幅率，最高分別達 18%、20.3% 和 67.4%，且臨近連升走勢完結前，月波幅依然保持甚高水平（達雙位數字），隨後連升斷纜後，一年內都錄得十分慘烈的跌幅！

2017 年恒指的八連升並不屬於消耗性式上升，反而從過去 8 個月異常偏低月波幅來看，反映當時升浪明顯屬於「慢牛」類型（後記：恒指結束八連升後，隨後走勢維持反覆上揚，截至 2018 年初月波幅擴大至逾 11%，恒指亦在 1 月底高見 33484 歷史高位）。

二、*超買狀態*

恒指出現較長月數的連升走勢，往往會把指數逐步推向不同程度的超買狀態。從前述 7 次按月「八連升（或更長）」連升紀錄可見，恒指由低位，甚至極度超賣位置（如指數低於 200 天線達一成以上）逐步回升，到連升走勢較後時間，恒指多會出現不同程度超買狀態。例如 2007 年的八連升和 2003 年十一連升，恒指最多曾偏離 200 天線達 42.8% 和 27.1%【圖 3】。

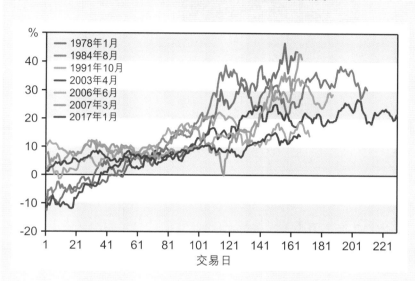

◢ 恒指歷年出現八連升期間偏離 200 天線幅度　　圖 3

　　恒指於 2017 年 9 月升勢斷纜，回吐 1.49% 後即重組升勢，並在 2018 年初創出紀錄新高。日後港股如再次出現連升 8 個月情況時，投資者也可因應其時的按月波幅、累積漲幅，以至與 200 天線的差距，衡量強勢會否終結。

18計 大裂口下挫 恒指彈完散

2020 年 3 月 9 日，恒指裂口低開逾千點，整體大市升跌股份比例更達 10：90，即出現「9-1 跌市日」，反映跌市十分全面及慘烈。

恐慌性拋售後短暫反彈

跟大市出現「9-1 跌市日」情況類似，恒指出現大裂口下挫（定義為跌市當天全日高位比前一個交易日最低位的下跌幅度在 2.5%），十分罕見。過去 30 年只曾發生過 25 次，佔總交易日數不足 0.5%。那麼，出現這罕有情況後，隨後恒指表現又如何呢？

統計過去恒指「大裂口下挫」之後 1 至 14 個交易日的平均表現和上升比例【圖】，有兩個現象可留意：其一，「大裂口下挫」後翌日和第二個交易日大多數有不錯反彈，平均漲幅達 2.2% 和 2.6%，上升比例（贏面）更高達 68% 和 76%，是首 14 個交易日

的前兩位。換言之,港股經過恐慌拋售後,在隨後兩個交易日有頗大的機率反彈。順帶一提,雖然在「大裂口下挫」後第六和七個交易日,恒指的平均表現同樣頗為理想,惟贏面只有 55% 和 59% 而已。

其次,恒指大裂口下挫後,平均表現和上升比例均在隨後的交易日呈反覆下滑。踏入第十和第十一個交易日,平均表現分別有 0.7% 和 0.4% 的跌幅,上升比例更少於一半,只有 33% 和 38%(即下跌機率較上升為高)。由此可見,港股經歷恐慌性拋售後多會出現短暫反彈,惟隨後再尋底的機會其實都不輕。

◢ 恒指大裂口下挫後表現

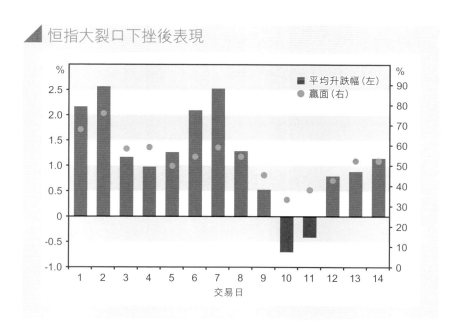

19 計 港股中線市寬 8月最弱

　　根據 1995 年至 2021 年統計，全港所有上市公司股價高於 50 天線的中線市寬（Market Breadth）按月變化，可見表現較佳的月份分別為 2 月、10 月和 11 月，中線市寬平均升幅分別達 7.1、4.9 和 3.8 個百分點，不過，除 2 月上升比例達 73%，另外兩個月卻只有 52% 和 29%，周期性並不算十分強。反而，7 月中線市寬上升比例同樣達七成，顯示 7 月大市同樣傾向有較佳的表現，只是市寬上升百分比相對輕微。

　　另一方面，3 月和 8 月中線市寬相對較差，下跌比例更高達 69% 和 74%，這兩個月大市表現似乎明顯較弱。

歷年港股中線市寬按月變化及上升比例

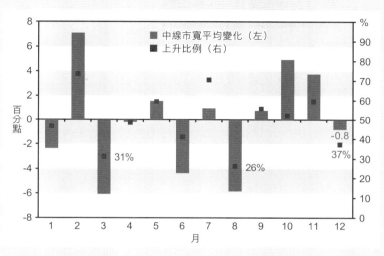

20 計 美國大選年 影響恒指表現

美國總統選舉每隔 4 年一次，大選年的 10 月 1 日至翌年 9 月底被視為「總統周期」第一年。以前任總統特朗普於 2016 年勝選為例，2016 年 10 月 1 日至 2017 年 9 月 30 日便界定為「總統周期」第一年；而 2017 年 10 月 1 日至 2018 年 9 月底，便屬於周期的第二年，餘此類推。故此， 2020 年 10 月 1 日至 2021 年 9 月 30 日便正式踏入另一個「總統周期」第一年。

根據往績，美國經濟指標和股市在「總統周期」中各年份傾向有不同的特性。

從歷年「總統周期」各年份的平均表現，不難發現道指在周期第一年和第三年比較強勢，經濟則在周期第四年和第二年傾向有較佳和較差的表現。具體而言，美國股市往往在總統周期第三年表現都十分突出。自 1921 年至 2021 年，道指在踏入總統周期第三年平均升幅為 16.4%（中位數 19.8%），上升比例達 88%【圖 1】。

道指總統周期表現

圖 1

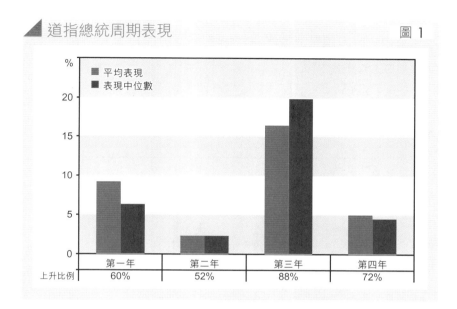

上升比例	第一年	第二年	第三年	第四年
	60%	52%	88%	72%

　　至於為何會出現這周期表現特性，一般相信，這或與「有形之手」操作有關，因踏入總統周期第三、四年，現任總統或執政黨為求連任，均會積極部署「催谷」，故股市（及經濟體）在這兩年傾向有較佳表現（或有較高上升比例）。至於總統周期第二年，則是總統周期 4 年中，表現最差，回報平均值和中位數只稍高於 2%，上升比例僅 52%。

　　經濟表現方面，從過去逾 50 年的經濟顯示，美國就業狀況在「總統周期」第二年最差，平均失業率逾 6%，是其他周期年中最

高，而經濟（GDP）增長也是最弱，平均只有 2.7%。不過，隨後的周期第三年和第四年，失業率和經濟增長均穩步改善，至周期第四年平均失業率跌至最低水平（約 5.6%），GDP 增長則攀升至最高的約 3.8%【圖 2】。

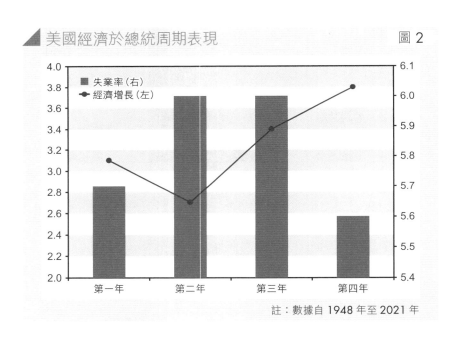

▲ 美國經濟於總統周期表現　　　　　　　　　　　　　圖 2

註：數據自 1948 年至 2021 年

至於港股，過去逾 50 年，恒指與「總統周期」的關係，情況跟美股頗為相似，即總統周期第三年表現最為突出；於總統周期第二年則明顯最差【圖 3】。

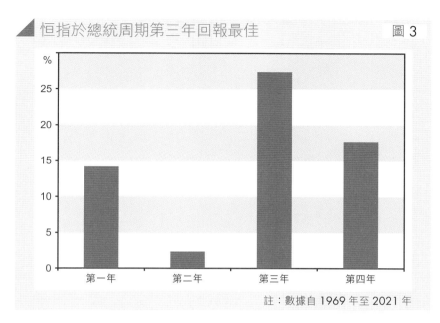

恒指於總統周期第三年回報最佳　　　　　　　　　圖 3

註：數據自 1969 年至 2021 年

21計 港股10月最高危？

　　不知是巧合還是「命中注定」，股災很多時會出現於 10 月份，故此不少投資者對 10 月股市走勢的印象是「不濟」。實況是否如此呢？觀測歷年 10 月港股市況，其實還隱含一個重要訊息，值得關注。

　　首先，「股災」是否真的多數發生在 10 月份呢？如何釐定股災，一直都沒有明確的定義，惟若然短時間內錄得龐大跌幅，例如恒指單月下挫兩成或以上，被視為「股災」相信大部分人應沒有太大異議。

　　觀乎近 50 年歷史表現，恒指出現特大跌幅月份的分布，不難發現 9 月至 11 月確是高危，恒指在這 3 個月份按月急瀉兩成或以上便分別曾出現 2 次、3 次和 3 次【圖 1】；若然把按月跌幅提高至兩成半或以上，則 10 月份也有兩次，分別是 1997 年亞洲金融風暴和 2008 年金融海嘯，確是爆發股災的「熱門」月份。

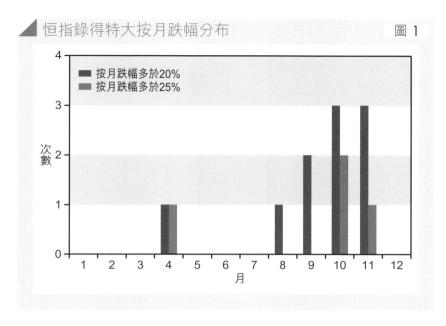

恒指錄得特大按月跌幅分布 圖 1

次數

■ 按月跌幅多於20%
■ 按月跌幅多於25%

月

不過，股災相對較多出現於 10 月份，又是否意味 10 月份恒指普遍表現不濟呢？

從過去近半個世紀恒指按月表現，不難發現 10 月份其實是升多跌少【圖 2】，錄得升幅的次數達 36 次，即上升比例為73.5%，是各月份中最佳；此外，10 月份的平均漲幅達 2.9%，於12 個月中亦排名第四【圖 3】。

這裏有一點值得補充，上述計算的恒指按月平均表現，並沒有包括股息回報，而且在計算過程中，若然選擇其他起始時間作比較，例如由 1970 年開始改為 1990 年作起點（即數據縮減至 30

歷年恒指 10 月份表現

圖 2

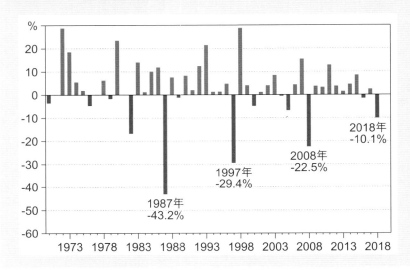

恒指按月表現及上升比例

圖 3

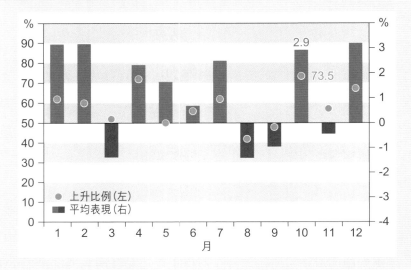

年），結果雖會有些差別，惟 10 月表現或上升比例排名依然處前
列位置。

　　換言之，從歷年不同統計角度看，恒指於 10 月一般都有相對
較佳的表現。這點可以從全數港股的股價高於 50 天線比率（中線
市寬）在歷年不同月份變化找到端倪。自 1995 年有統計以來，
10 月份中線市寬按月平均上升約 5 個百分點，表現僅次於 2 月份
的 7.1 個百分點，顯示 10 月整體大市走勢頗為不俗。話雖如此，
要留意的是，這項統計的上升比例只有 52%，即 27 年來中線市寬
在 10 月份上升或下跌機會均等；若以中位數（median）評核 10
月份中線市寬的表現，亦只是按月上調 0.87 個百分點，升幅並不
顯著。因此，整體大市於 10 月份的表現，似乎沒有明確的周期特
性，跟恒指有頗大分別。

　　撇除恒指於 10 月份周期表現的特性外，其實還有另一個周期
現象（訊息）值得關注，就是 10 月份港股投資風險相對較高。如前
統計，歷來股災較常發生於 9 月至 11 月，尤其 10 月出現的次數最
頻繁，這點其實可從恒指波幅指數（VHSI；量度未來 30 日的恒指
預測波幅率，類似美股 VIX「恐慌指數」）的按月表現得到印證。

　　VHSI 的 10 月平均波幅高達 26.4%，是一眾月份中最高。當
然，這或許受到恒指在 10 月出現股災次數相對較多，拉高整體平
均值有一定關係。

然而，若計算波幅率的按月中位數表現，10月份亦高達21.9%，同樣是各月份中最高【圖4】。由於波幅某程度上反映投資風險，故此10月有相對較高的平均波幅，正正反映10月份恒指走勢的實況——即一般而言表現不俗，爆發股災又作別論。

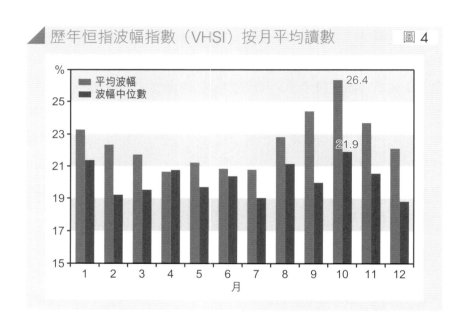

歷年恒指波幅指數（VHSI）按月平均讀數　　　圖4

總括而言，從歷年數據顯示，恒指於10月份出現股災的頻率相對其他月份為高，或令投資者產生錯覺，認為恒指10月份表現多數不濟；實情是，當月相對有較佳的平均表現和上升比例，即在10月錄得升幅的機率其實也不低。

不過，這周期現象並沒有出現於整體大市，港股中線市寬在

10 月份錄得上升的機會都只是一半半。另外,讀者也要明瞭,從恒指波幅指數表現可見,10 月份風高浪急,入市風險亦相對高。結論?博唔博,承受得到風險先好博。

第五章

選股策略
具成效

你認識多少種選股策略?它們的績效如何?在華爾街股市盛行的「強勢股策略」、「狗股策略」和「Sell in May & Go Away」,換上「港股版」又是否適用?本章會以港股數據為本,以回溯測試來分析以上策略在本港市場的命中率有多高,供讀者參考制定合適的策略。

22計 強勢股策略 跑贏盈富

筆者多年前編製了兩個動力型的模擬投資組合，分別是「恒綜強勢股組合」和「德里豪斯組合」，發現投資成績十分突出，更多次遠遠跑贏盈富基金（02800）。

首先，簡單介紹何謂動力型投資法及操作細節【表1及表2】，繼而檢測 2021 年上半年這兩個組合的表現。

恒綜強勢股策略選股準則　　　　　　　　　　　　　表 1

1	把過去 12 個月表現最佳（以價格而言）的 10 隻恒生綜合指數成份股，納入新一季的投資組合內，權重平均分配，並持有組合 3 個月；然後再以這揀股標準，重新揀選新一批的「強勢股」投資，周而復始
2	市值 10 億元或以上
3	過去 3 個月每日平均成交量達 100 萬股

	德里豪斯強勢股策略選股準則	表 2
1	剔除最低市值 25%（Bottom 5%）個股不作選擇，因這些股份流動性相對較差	
2	過去 12 個月的相對強弱勢（RS）最高的 25% 股份（Top 5%），即過去一年股價變動率優於恒指同期表現的首 25% 股份	
3	過去 6 個月的相對強弱勢（RS）最高的 25% 股份	
4	過去 12 個月的相對強弱勢（RS）大於 3 個月 RS	
5	以公司市值由高至低次序排列，揀選排名首 10 位股份	

強勢股選股策略背後的理念是選取處於強勢的股份（Momentum stocks）加入投資組合內，寄望這些股份強勢得以延續（即強者愈強），進而帶動整體投資組合有理想回報，「恒綜組合」和「德里豪斯組合」便是採用這種風格選股。

投資組合具體操作方面，兩個模擬組合的持股數目均為 10 隻，約於每季季初（即 1 月、4 月、7 月和 10 月）重整，更換一些最新、最強的強勢股納入模擬組合。

風險管理方面，組合設有 15% 移動止蝕（Trailing Stops）機制，即任何持股由高位回落 15% 以上，便於翌日收市價平倉止蝕，並持有現金至下一個季初檢討時才再入市（註：2017 年前「德里豪斯組合」的止蝕機制採取相對寬鬆的做法，即 20% 初時止蝕及 15% 移動止蝕）。此外，模擬組合內股份回報率是包括期內派發

的股息，表現則以盈富作比較。

2020 年第三季開始，筆者就這策略增加入市時機（market timing）規限，即是在每季季初（季末）組合重整時，需要檢測大市環境是否合適入市。這猶如 How to Make Money in Stocks 作者奧尼爾（William O'Neil）提出 CANSLIM 模型所指的 Market Direction。

具體做法是組合重整的當日「EJFQ 強勢股指數」須高於 30% 門檻，因為該指數是反映整體港股中強勢股買盤佔整體大市成交的比重，指數處於愈高位置，意味強勢股買盤愈強，利用動力型策略入市便愈適合。當然，若然重整當天強勢股指數低於三成門檻，便等待指數於季內升至 30% 以上才入市。

其實，恒綜強勢股組合和德里豪斯組合能否表現出眾，説穿了，關鍵之一還是要看整體大市是否配合（最低限度市況不要持續向淡）。

從恒綜強勢股組合的歷史表現（50 日變動）可見，這與強勢股指數大致呈正向密切關係（關連系數達 0.5 頗高水平）【圖 1】。換言之，若然強勢股指數反覆上升，意味強勢股買盤主導大市發展，恒綜強勢股組合（或類似以動力型選股策略的組合）便傾向有較高回報率，反之亦然。

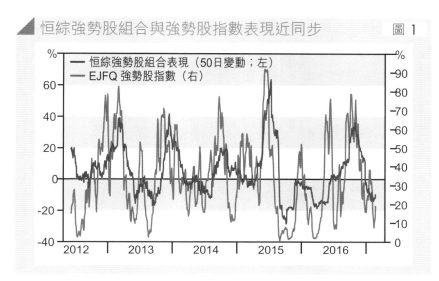

恒綜強勢股組合與強勢股指數表現近同步　　　圖 1

改良版恒綜強勢股指數組合表現　　　圖 2

由此路進，組合操作除有止蝕／止賺外，可以考慮入市和出市時機，還加入強勢股指數表現的考慮因素，從而提升組合的回報率。更具體的做法是，當強勢股指數低於 30% 或以下時，投資組合暫緩買貨（若到臨季初重組日子）或沽出組合所有持倉；直至強勢股指數回升至高於 30% 時，才再為組合購入股票（若當時組合只持有現金）。

　　若按此操作，恒綜強勢股策略（改良版）組合的年均增長率約 29%（本金 50 萬元膨脹至接近 600 萬元）【圖 2】，較原來版本組合回報率高出超過 11 個百分點。正正因為這緣故，自 2020 年第三季開始，筆者就這策略開始增加入市時機規限。

　　那麼，「恒綜強勢股組合」和「德里豪斯組合」在 2021 年上半的表現又如何呢？

　　2021 年首 6 個月，整體港股表現呈先升後回。承接 2020 年第四季熾熱的氣勢，加上北水湧入，2021 年 2 月恒指曾突破 30000 點大關，於 2 月 18 日高見 31183 點，創 32 個月以來高位；然而，隨後便陷入區間上落，沒有明確方向持續近 4 個月。

　　由於走勢沒有明確方向，曾令個別「恒綜強勢股組合」和「德里豪斯組合」持股觸及 15% 移動止蝕，因此持倉內不少股份在季度完結前已全數止賺或止蝕平倉。截至 6 月 30 日止，兩組合於第一

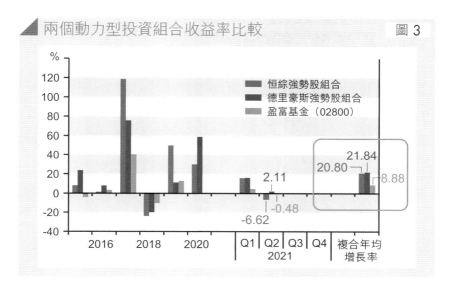

兩個動力型投資組合收益率比較　　　圖 3

季回報率分別為 15.6% 及 15.9%，第二季則報 2.1% 和 -6.6%，較同期盈富的 4.6% 和 -0.5% 為好【圖 3】。

　　自金融海嘯至 2021 年上半年的逾 12 年，這兩個組合複合年均增長率（CAGR）分別為 20.8% 和 21.8%，同樣遠遠拋離同期盈富的 8.9%。由此可見，過去逾 10 年投資環境頗為切合這類動力型揀股策略，令其投資表現頗為突出。

23 計 狗股策略 是否有利可圖？

「狗股策略」是一種簡單且易於執行的買賣策略，是於每年底（或年初）買入股息率最高的指數成份股，期望「狗股」因被拋售至低殘水平後，來年可收復部分或全部失地，甚至有較突出表現。

操作上，先選出指數（以港股的恒指和國企指數為例）內股息率最高的 10 隻成份股，由這 10 隻「狗股」組成權重相同的組合，即每隻佔比 10%，並且持有至年底（或翌年初）；在沽貨後，再按當時市況重複「狗股策略」，揀選 10 隻「狗股」，組成新一年的「狗股組合」，周而復始（下稱「策略一」）。

不過，「狗股策略」已出現不同變種，本文將檢測另外兩種，分別是選取高派息及每股股價最低 5 隻「狗股」建倉（下稱「策略二」），以及每股股價最低第二（權重 40%）至第五位（權重各20%）「狗股」組成的投資組合（下稱「策略三」）。更具體投資

組合操作上，還包含移動止蝕（trailing stop）控制風險，即倘若組合內股份由年內最高位回落 15% 或以上（以收市價計），便於翌日收市價止蝕（止賺）。

那麼，2021 年「狗股策略」成績如何呢？以截至 2021 年 12 月 29 日收市計算，2021 年恒指和國指「狗股策略」合共 6 個組合的回報率（包括過去一年股價變化及期內收取股息），分別為 21.8%、28.7%、24.3%、19.9%、18.4% 和 14%【圖】，即全數錄得雙位數字升幅，表現與 2020 年各組合回報全部都出現雙位數字跌幅，可説來個大逆轉。

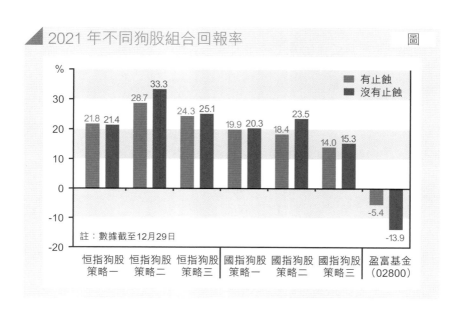

◢ 2021 年不同狗股組合回報率　　　　　　　　　　圖

註：數據截至 12 月 29 日

2021 年狗股組合表現十分突出，因為全數組合都遠遠跑贏同期盈富基金（02800）的 5.4% 跌幅，與狗股組合差距達 19.4 個至 34.1 個百分點。

為何在恒指和國指自 2021 年下挫約一成半至兩成半的情況下，狗股策略表現異常突出？對後市發展又有何啟示呢？筆者相信主因有二。

首先，過去一年資金流入高息、防守性強的藍籌股。雖然今年恒指呈先升後回，惟恒指早於 2 月 18 日見頂，當時攀至 31183 點，其後約 4 個月陷入區間上落，直至踏入 7 月便拾級而下。由 2 月高位計，恒指已下挫超過 8500 點，這牽涉到中央對多個行業加強監管影響企業盈利前景，同時內房違約隱患持續，加上中美關係轉趨緊張和下半年資金流出香港等四大因素困擾。

問題是，在每況愈下的港股投資環境下，投資者風險胃納自然減退，加上通脹高企，遂吸引資金流入高息且防守性較強的藍籌股。狗股策略亦因「食正這條水」，令組合回報極佳。

事實上，若然觀測 2021 年盈富基金在沒有止蝕機制下的表現，是下挫約一成四，而其他沒有止蝕下的狗股組合，卻沒有因為下半年港股持續下挫而影響回報，反而部分表現進一步膨脹，意味期內不少資金流入高息的狗股避險。

止蝕機制發揮作用

其次,在止蝕機制保護下,令多隻組合持股都能高位鎖定利潤或令虧損收窄至較低水平。如前分析,2021年恒指走勢呈先高後低,港股於下半年輾轉下滑期間,其實亦連帶有多隻狗股受壓回落。

2021年狗股策略　　　　　　　　　　　　　　　　表 1

	編號	股票	分類	策略一	策略二	策略三	2021年底組合內表現(%)	平倉原因
恒指狗股	00857	中國石油	石油化工	X	X		+38.3	止賺
	03988	中國銀行	銀行	X	X	X	+16.5	年底平倉
	00386	中國石化	石油化工	X	X	X	+8.0	止賺
	03328	交通銀行	銀行	X	X	X	+25.7	年底平倉
	00267	中信股份	綜合企業	X	X	X	+55.0	止賺
	00883	中海油	石油化工	X			+29.9	止賺
	02007	碧桂園	地產	X			-4.4	止蝕
	02388	中銀香港	銀行	X			+3.1	止賺
	00006	電能實業	公用事業	X			+22.1	年底平倉
國指狗股	00941	中國移動	電訊	X			+15.2	年底平倉
	00857	中國石油	石油化工	X	X		+38.3	止賺
	03988	中國銀行	銀行	X	X	X	+16.5	年底平倉
	01288	農業銀行	銀行	X	X	X	+3.4	年底平倉
	00386	中國石化	石油化工	X	X	X	+8.0	止賺
	03328	交通銀行	銀行	X	X	X	+25.7	年底平倉
	00267	中信股份	綜合企業	X			+55.0	止賺
	00883	中海油	石油化工	X			+29.9	止賺
	02007	碧桂園	地產	X			-4.4	止蝕
	00688	中國海外發展	地產	X			+12.0	止賺

以恒指和國指狗股「策略一」為例,可見今年同樣有6隻指數成份股觸及移動止蝕機制(即由高位回落15%)【表1】,在現時重整組合前已平倉。不過,狗股年初出現一輪飆升後才回落,隨後即使觸動移動止蝕而平倉,該狗股仍錄得不俗盈利(或虧損相對溫和)。換言之,在止蝕機制保護下,組合可以提早鎖定利潤,縱使港股跌勢持續,對組合的影響亦十分有限,這也突顯投資組合止蝕的重要。

無論如何，2021年狗股表現如此突出，正正反映投資者「又要玩、又要驚」的心態，令一眾高息、防守性較強的藍籌股受到追捧。

最後，筆者列出 2022 年狗股名單供參考【表2】。

2022年狗股名單　　　　　　　　　　　　　表 2

	編號	股票	股息率(%)	收市價(元)
恒指狗股	03988	中國銀行	8.5	2.8
	02007	碧桂園	7.5	7.0
	00939	建設銀行	7.2	5.4
	01398	工商銀行	7.2	4.4
	00941	中國移動	7.0	47.2
	01044	恒安國際	6.9	41.2
	00017	新世界發展	6.8	30.7
	00386	中國石化	6.4	3.7
	00688	中國海外發展	6.4	18.4
	00267	中信股份	6.1	7.9
國指狗股	01918	融創中國	16.7	11.4
	03988	中國銀行	8.5	2.8
	01288	農業銀行	8.3	2.7
	03328	交通銀行	8.1	4.8
	02007	碧桂園	7.5	7.0
	02601	中國太保	7.4	21.3
	00939	建設銀行	7.2	5.4
	01398	工商銀行	7.2	4.4
	00941	中國移動	7.0	47.2
	00386	中國石化	6.4	3.7

數據截至 2021 年 12 月 29 日

24 計 Sell in May & Go Away
港股適用

　　每逢 5 月，金融市場或媒體就 Sell in May 的報道便如雨後春筍，熱鬧非常。事實上，根據彭博新聞就內容有 Sell in May 字眼的相關報道，於每年踏入第二季便開始增加，反映投資者對這課題的討論又再次熾熱起來【圖 1】。

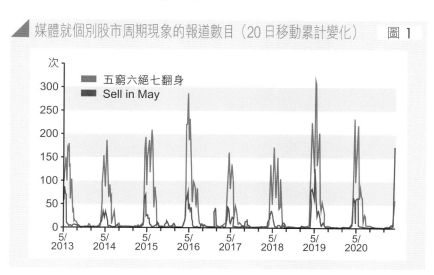

媒體就個別股市周期現象的報道數目（20 日移動累計變化）　　圖 1

在透過回溯測試及討論這周期現象是否存在於恒指之前，讓我們先說明一下，何謂 Sell in May 的現象。

Sell in May and Go Away（5 月沽貨走人）是一種流傳已久的周期市場異象（market anomaly），意味美股每年踏入 5 月後的半年時間，表現只屬一般，並且遠遠跑輸 11 月至翌年 4 月底的另外半年。

Sell in May and Go Away 的周期市場異象在恒指身上是否存在呢？

統計過去 20 年（2001 年 4 月 30 日至 2021 年 4 月 30 日）數據，恒指於 5 月至 10 月的半年期間，除 7 月和 10 月外，其他月份表現相對較弱，5 月、6 月、8 月和 9 月平均回報多是負值，這某程度反映 Sell in May 有一定市場智慧。至於每年 11 月至翌年 4 月另外半年，恒指在 11 月、12 月和 4 月表現較突出【圖 2】。

為了進一步驗證 Sell in May 的策略是否成立，筆者利用 20 年恒指作回溯測試，並制定 4 個模擬組合【表 1】，並以買入持有（Buy & Hold）組合作為基準，比較各組合的成績。

恒指過去 20 年按月平均表現 圖 2

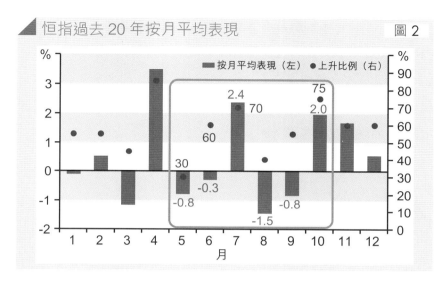

4 個回溯測試模擬組合 表 1

Buy & Hold（B&H）	買入持有
組合 1	5月入市、10月底沽出（持貨6個月）
組合 2	11月入市、翌年4月底沽出（持貨6個月）
組合 3	5月入市、9月底沽出（持貨5個月）
組合 4	10月入市、翌年4月底沽出（持貨7個月）

註：回溯測試期 2001 年 4 月 30 日至 2021 年 4 月 30 日

先看看組合 1 和組合 2 表現。以 10 萬元為本金，按這兩個模擬組合策略入市，經過 20 年的操作，組合價值分別為 11.9 萬和 21.3 萬元，複合年均增長率（CAGR）為 0.9% 和 3.9%【表 2】，組合 1 遠遠落後於組合 2 和買入持有組合，初步可印證恒指 Sell in May 的說法有數據支持。

恒指組合 1 及 2 回溯測試			表 2
策略	組合 1	組合 2	買入持有
本金（元）	100,000	100,000	100,000
最後資本（元）	119,445	213,119	237,818
資本增長百分比	19%	113%	138%
複合年均增長	0.9%	3.9%	4.4%
平均每筆交易回報率	3.7%	4.7%	-

如前分析，恒指每年 10 月的按月表現頗為突出，平均升幅為 2%，上升比例達 75%，分別排行全年第三和第二，故此若把組合 1 和組合 2 持貨時間作出修訂，分別縮短 1 個月，至只持貨 5 個月（即組合 3），以及延長 1 個月，持倉共 7 個月（即組合 4）【表 3】，結果顯示 Sell in May 的說法更為準確【圖 3】。

恒指組合 3 及 4 回溯測試

表 3

策略	組合 3	組合 4	買入持有
本金(元)	100,000	100,000	100,000
最後資本(元)	102,435	250,736	237,818
資本增長百分比	2%	151%	138%
複合年均增長	0.1%	4.7%	4.4%
平均每筆交易回報率	1.3%	5.8%	-

恒指 Sell in May 模擬組合表現

圖 3

萬元

— 組合3（5月入市、9月底沽出）
— 組合4（10月入市、翌年4月底沽出）
— 買入後持有

本金10萬元

值得留意的是，5月入市、9月底沽出（「組合3」）的回報較「組合1」低，CAGR只有0.1%；反之，提早1個月即10月入市，於翌年4月底沽出的「組合4」，回報不但拋離「組合1」和「組合3」，且CAGR甚至較買入持有更高（且組合4只是每年持貨7個月）。

　　換言之，假設只買恒指或盈富，最佳入市時機是每年10月初或9月底，於翌年4月底沽貨，回報甚至較全期買入持有更理想。

25 計 五窮六絕七翻身

　　若要了解港股「五窮、六絕、七翻身」的說法是否成立，最簡單的方法便是透過回溯測試驗證便知龍與鳳。

　　從恒指在過去 20 年至今的按月表現可見，5 月和 6 月分別平均按月下跌 1% 和微升 0.2%，5 月份跌多升少，上升比例只有 30%，反映「五窮月」的說法相對地合理。「六絕月」方面，恒指於 6 月錄得溫和升幅，上升比例更高達 65%，即僅三成半機率下挫（20 年裏只 7 年按月錄得跌幅），未算十分符合「六絕月」的描述（詳見「第 24 計」）。

　　7 月方面，若投資者於「七翻身」時才買貨，平均回報卻高達 2.6%，以單月回報率計已算十分吸引；而且這策略的贏面達 70%，即在過去 20 年裏有 14 年可以獲利；由此看來，五窮六絕的說法成立與否，可說只是一半半而已，反而七翻身的可信性較高。

換句話說，不論是華爾街的 Sell in May and Go Away 或港版的「五窮、六絕、七翻身」的說法，不難發現都有一個共通點，就是大市於 5 月、6 月表現相對較差，究竟背後有何玄機呢？筆者估計，或與派息因素有一定關係。

若然檢測恒指由 1970 年至 2020 年的歷年不同月份派息百分比中位數，可見 5 月份屬於每年派息最高的月份，達 0.33%【圖 1】，是派息密集期。當然，這與不少香港上市公司財政年度設於 12 月底，並在下一季公布業績有關。由於派息因素引致股份除淨，打壓股價，尤其在每年約 5 月左右承受的壓力相對地較大。

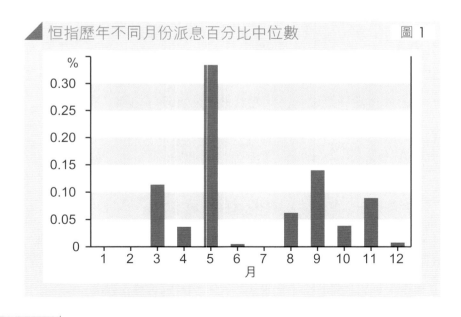

恒指歷年不同月份派息百分比中位數　　　　圖 1

按港股 5 月至 7 月的往績，發現「五窮」說法尚算合理，6 月表現卻未算十分符合「六絕」的描述，「七翻身」的可信性則較高。

如果設定一個周期策略組合，從恒指過去 20 年按月表現計算（數據截至 2021 年初），若然每年於 5 月和 6 月沽空恒指或盈富基金，複合年均增長率（CAGR）約 0.5%，回報率並不算十分高，贏面約六成，即 20 年裏於 5 月、6 月沽空恒指，有 12 年成功獲利【表 1】。

恒指沽空及買入組合回溯測試　　表 1

策略 行動	五窮六絕 5月和6月沽空	七翻身 7月買入	綜合表現 5月和6月沽空 及7月買入
本金（元）	100,000	100,000	100,000
最後資本（元）	111,408	161,272	185,640
資本增長百分比	11%	61%	86%
複合年均增長	0.5%	2.4%	3.1%
平均每筆交易回報率	1.0%	2.8%	1.9%

相反，若投資者於「七翻身」時才買貨，CAGR 卻高達 2.4%【圖 2】，以單月回報率計已算十分吸引；而且這策略的贏面達 70%，即在 20 年裏有 14 年可以獲利。

五窮六絕七翻身過去 20 年回溯測試結果　　圖 2

回報率

升幅=138%　CAGR=4.4%

- 買入持有
- 7月建好倉
- 5月和6月建淡倉

升幅=61.3%　CAGR=2.4%
贏面=74%

升幅=11.4%　CAGR=0.5%
贏面=60%

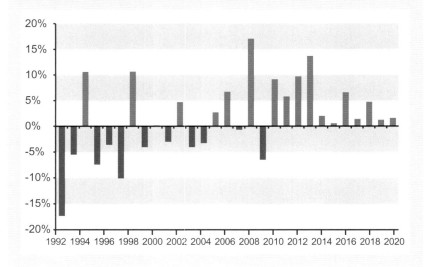

5 月至 6 月沽貨 7 月買貨策略按年回報率　　圖 3

既然根據回溯測試顯示「五窮、六絕、七翻身」的説法並不是十分準確,為何還有這麼多人評論這周期現象呢?原因之一,筆者估計是自 2010 年至 2020 年十年間,這策略每年都可以獲得正回報有一定的關係【圖 3】。

26計 萬聖節入市贏面高

「萬聖節指標」（Halloween Indicator）是一個捕捉入市時機的策略。根據觀察，美股每年 5 月至 10 月表現相對不濟，所以衍生了 Sell in May and Go Away 的説法；由此引伸，於 10 月底或 11 月初，即萬聖節（10 月 31 日）前後才入市，並持貨至翌年 4 月底為止，便可獲得不俗的回報，甚至較「買入持有」（Buy and Hold）更佳。從歷年數據來看，這策略應用在恒指是否經得起時間考驗呢？

根據自 1991 年 10 月底至 2021 年 9 月回溯測試，按「萬聖節指標」操作，即每年 10 月底買入恒指或盈富基金（02800），並且持貨半年於翌年 4 月底沽出，近 30 年的複合年均增長率（CAGR）為 3.9%【圖】，贏面則只有 62%，表現明顯較美股遜色。事實上，恒指過去 30 年於 11 月和 12 月未見很突出的周期上升優勢。不過，同樣地，以這策略持貨半年計，回報率只與買入持有相差不足 1 個百分點，可見該策略還有一定可取的地方。

恒指「萬聖節指標」操作策略按年成績

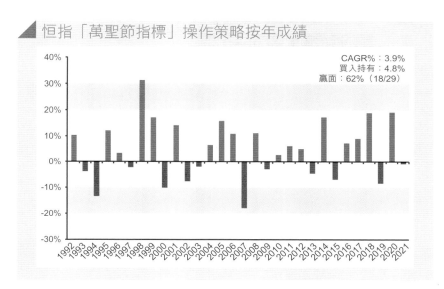

至於「萬聖節指標」操作應用於個別港股上又是否奏效呢？筆者把這策略套用個別重磅恒指成份股內並進行回溯測試，供讀者參考【表】。由於個別股票上市時間不同，部分股份回溯測試時間較短，故此結果或不可以作直接比較（數據截至 2020 年 10 月）。

個別藍籌「萬聖節操作」回溯測試 　表

恒指成份股	回溯測試時間	複合年均增長率 （CAGR）	贏面 Winning Percentage	最大回撤幅度 Maximum Drawdown
滙控（00005）	2000年1月至2020年10月	-3.4%	+47.6%	-58.6%
恒生銀行（00011）	2000年1月至2020年10月	+5.0%	+71.4%	-20.2%
港鐵（00066）	2000年10月至2020年10月	+8.0%	+70.0%	-14.5%
港交所（00388）	2000年6月至2020年10月	+10.5%	+60.0%	-54.0%
騰訊（00700）	2004年6月至2022年10月	+20.6%	+81.3%	-46.6%
建行（00939）	2005年10月至2020年10月	+5.9%	+66.7%	-40.3%
中移動（00941）	2000年1月至2020年10月	-0.5%	+38.1%	-35.6%
友邦（01299）	2010年10月至2020年10月	+9.4%	+70.0%	-14.8%
中國平安（2318）	2004年6月至2020年10月	+11.4%	+62.5%	-50.6%

27計 恒指12月 最佳入市時機

　　美股和港股都有一個周期現象，就是每年 12 月較後時間，或許因為基金粉飾櫥窗，又或年底交投相對淡薄的關係，不難發現年底時標普 500 指數和恒指都有不俗的表現（所以美股有 Santa Claus Rally 的說法），只是恒指出現的時間較標指稍遲。那麼，每年 12 月什麼時候是最佳入市時機，或有較高勝算，博取每年最後的升浪呢？

　　筆者利用過去 30 年恒指數據做了一個回溯測試：每年 12 月在不同日子（1 日至 29 日）之後的首個交易日入市，並在年底最後一個交易日平倉，由不同日子的入市複合年均增長率（CAGR）的差別可見【圖，只列出最佳 17 個日子的結果】，12 月份較理想的入市時間，應該是介乎 14 日至 20 日的下一個交易日，因為 CAGR 和贏面（winning percentage）都相對其他日子為高。

　　不過，除回報率和贏面外，其實在選擇入市點時還要考慮當中的風險，在 20 日的下一個交易日入市的最大回撤（maximum drawdown，即由高位計算最大跌幅）為 3.9%，是相對低的一日。值得留意的是，20 日的下一個交易日贏面達 82.8%，即過去 30 年裏若在該日子入市買恒指或盈富基金（02800），便有 25 年可以成功獲利，比率是其他入市日子中最高。

過去 30 年 12 月哪一日買恒指較佳？

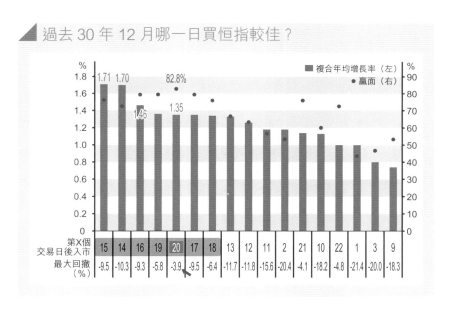

28 計 恒指最後升浪 五大特質

　　牛市的最後升浪，誠如其名，發生在牛市最後階段（即牛三），往往亦是升勢最璀璨及最急速的一段升浪，當然亦是最危險的時間（摸頂）。若從整體投資部署角度看，捕捉（掌握）最後升浪，也許是投資成敗關鍵之一。美銀曾分析 1937 年後美股的牛市，發現投資者若然過早離場，沒有在牛市最後一年入市，即錯過最後升浪，其平均回報少於其他投資者持貨至最後階段達 21 個百分點，即相當於整個牛市升幅逾五分一！

最璀璨階段勿錯過

　　那麼，有什麼理據證明港股最後升浪何時出現呢？背後的催化劑又是什麼呢？更重要的是，如最後升浪當真到臨，哪些指標可監察這升浪的到臨及接近尾聲呢？

　　在探討之前，也許先要釐清如何界定這個「最後升浪」。一直

以來，市場似乎都沒有定出明確的定義，只知道其升勢快且急，為方便量化，我們制定了界定「最後升浪」的三個準則：

一、恒指創出52周高位，而最後升浪的高位可維持逾一年以上（即指數在一年內都不能再破這高位）；

二、累積升幅可在短時間內達到兩成或以上；

三、恒指隨後會出現逾兩成的跌幅。

　　若按以上三項準則，可發現自1970年至今恒指合共曾出現過14次最後升浪；不過，2018年1月和2021年2月的最後升浪上升幅度，以收市價計算稍低於兩成【圖1】；惟若以高低位計，只有2018年不足兩成，幅度亦少於1%，而按歷年港股最後升浪的出現，可歸納以下五點特質：

▲ 恒生指數歷年最後升浪的分布　　　　　　　　圖1

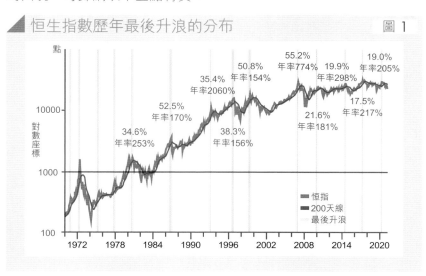

一 . 上升速度快且急

　　最後升浪的出現，意味恒指短時間內急升，期間年度化升速往往可達 1.5 倍或以上；而最後升浪一般最長只有約 5 個月或更短的壽命。

二 . 每月波幅明顯擴大及市寬攀升

　　最後升浪意味市況發展已進入消耗性上升和雞犬皆升狀態，股市波幅將明顯擴大，一般情況期內平均月波幅可達雙位數字。此外，反映整體大市的市寬（尤其是長線市寬）多會攀升至七成，甚至更高水平【圖 2】（不過，2018 年和 2021 年的最後升浪，長線市寬最高只見 52.5% 和 66.3% 而已）。

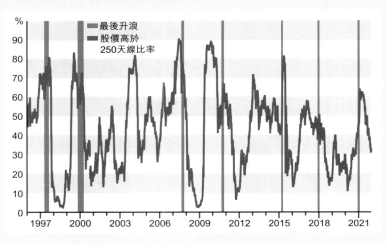

港股牛三最後升浪及長線市寬　　　　　　　　　圖 2

三．出現極度超買

開展最後升浪初期，恒指很多時都會先考驗 200 天線，即由 200 天線位置起步【圖 1】。在過去 14 次最後升浪中，恒指 與 200 天線的距離，便有 7 次少於 2.3%。至於最後升浪的 後期，恒指往往會出現極度超買，偏離 200 天線最大百分比 達 45.9%。

四．成交激增

跟隨最後升浪而來的便是全民皆股。由於這緣故，最後升浪期 間應出現交投激增的情況，成交額往往平均可達升浪開展前一 年內最低成交月份的 4 倍（中位數為 3.3 倍）【圖 3】（註： 成交金額歷史數據，只有 1995 年至今）。

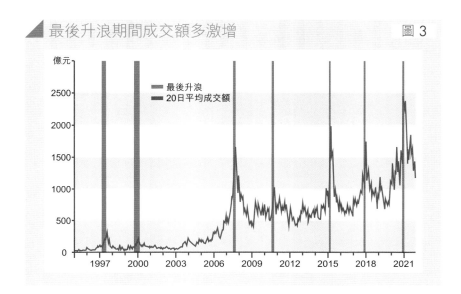

最後升浪期間成交額多激增　　圖 3

五．持續時間短暫

最後升浪猶如消耗性走勢，一般維持時間不會太持久。根據 1970 年至今 17 次最後升浪的統計，最長的不會多於 8 個月，自上世紀九十年代至今一般少於 3 個月，最長亦只是 5 個多月而已；而自 2015 年至今 3 次最後升浪，維持的時間都少於兩個月【圖 4】。

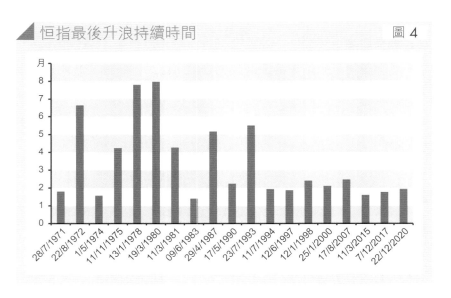

恒指最後升浪持續時間　　　　　　　　圖 4

第六章

另類指標
莫遺忘

港股測市指標多不勝
數，既有歷史悠久廣為
人知的、也有日新月異暫時
少人運用的，它們的準確性或
會受到特定周期而時有高低，而
目前所謂「另類指標」，在特定市
況尤其準確，且如果具一定成效又
經得起時間考驗，或許就能夠演
化成認受性高、獲得廣泛認用
的指標。

29 計 人民幣 與恒生指數

　　人民幣幣值變化，究竟對港股有何影響呢？根據 2020 財政年度數據顯示，全港約 2500 間上市企業當中（不包括 ETF），約有 1800 間（約佔總股票數目七成）企業披露了營業收入按地域劃分的數據。從這些數字發現，收入來自內地、且營收佔比（即收入來自中國佔整體收入的比例）達九成或以上的企業數目，多達 1070 家，約佔有披露相關數據企業總數 58%【圖 1】。內地營收佔比介乎 50% 至 90% 的企業，數目亦達 320 家。

　　合併計算，全港上市企業中，營業收入 50% 或以上來自內地的公司佔半數。故此，人民幣幣值若出現顯著下跌時，某程度令香港企業折算回港元的收入減少，間接對港股盈利表現構成一定壓力。

　　相反，人民幣如有進一步升值空間，可望帶動香港企業盈利增

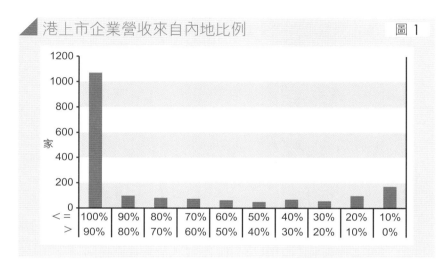

港上市企業營收來自內地比例　　　　圖 1

長，進而令整體港股的估值回升，盈利表現往往是股價走勢的一面鏡子，可以預期若果人民幣維持偏強表現，將有利提升港股整體盈利，進而帶動股價表現。

　　正因為本地上市企業有很大的業務收益比重來自內地，故人民幣升跌往往對本港企業盈利表現有着直接影響，從近 15 年來恒生指數每股盈利（EPS）變化與人民幣兌美元變動可見，兩者大致呈亦步亦趨，關係十分密切，只是後者近年來變化略為領先【圖 2】。

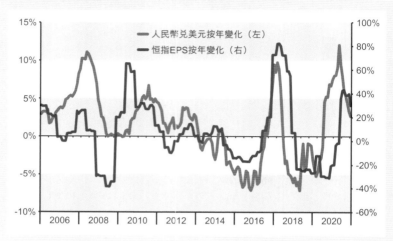

人民幣走勢與港企盈利表現相若　　　圖 2

人民幣兌美元按年變化（左）
恒指EPS按年變化（右）

　第六章　另類指標莫遺忘

30 計 美元與港股呈負相關

　　不少新興市場國家的經濟結構，十分依賴出口來維持增長，出口成份則頗為依重原材料等商品；然而，由於商品普遍是以美元報價，因此具有甚高負關連性，若美元強勢，商品價格將受壓，撼動新興市場國家經濟支柱，並帶動本幣兌美元滙率下跌，拖累股市甚至進一步打擊宏觀經濟，從 MSCI 新興市場指數與美滙指數拼圖，不難發現兩者大部分時間都呈此起彼落【圖1】。

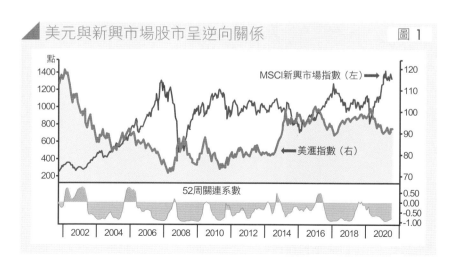

美元與新興市場股市呈逆向關係　　圖 1

在聯繫滙率機制下，港幣與美元掛鈎，雖毋須面對強美元對滙價構成的壓力，但港股作為新興市場的一員，恒指與新興市場表現亦有一定關連性，故可以想像，若然美元處於強勢，很多時港股走勢也將相對地較弱，52周移動關連系數大多數時間維持在負水平【圖2】。

因此，在參與港股之時，也應留意美元或其他外幣，特別是一籃子貨幣如亞洲區（不包括日本）貨幣指數（ADXY）或覆蓋更廣的摩根大通新興市場貨幣指數的最新走勢。

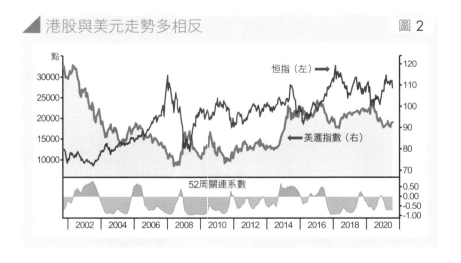

港股與美元走勢多相反 　　　　　　　　　　　　　　　圖 2

31計 藉財經報道 衡量港股景氣

投資者情緒能夠影響入市決定，而市場氣氛與股市表現也有關係。然而，如何衡量「氣氛」呢？

筆者透過全港所有財經報章，就本地股市報道分析標題及內容，統計出現字眼「正面」（例如有「新高」或「強勢」等）和「負面」（提到「弱勢」或「斬倉」等）的頻率，編製了「信報香港股市景氣指數」，指數上升代表股市氣氛向好、熾熱；指數下跌即意味投資氣氛趨悲觀、向淡；從多年來景氣指數與恒生指數走勢可見，兩者走勢呈亦步亦趨【圖】。

事實上，自 2015 年至 2019 年初，「港股景氣指數」與恒指關連系數約達 0.54 頗高水平。即反映這是一項頗為有效的指標，捕捉或掌握港股投資氣氛。

179

港股景氣指數與恒指表現相關

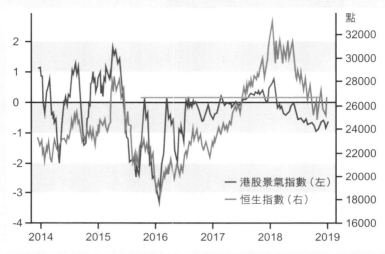

港股景氣指數（左）
恒生指數（右）

32 計 銅金比率與恒生指數

　　由於銅廣泛應用在建築和工業等層面，銅價的變化某程度可作為實體經濟盛衰領先指標，故銅向來被稱為「銅博士」（Dr. Copper）。黃金則屬於避險資產之一，往往反映市場風險胃納的變化；每當避險情緒高漲，金價多受惠而上升，反之亦然。故此，銅價與金價的比率（銅金比率）能窺探環球經濟大環境及金融市場的狀況。

　　根據多年來的表現，每當銅金比率按年變化低於 -20%（即一年下跌 20%），環球經濟多數表現不濟，金融市場亦可能出現或處於某種危機之中。例如，2000/01 年科網股泡沫爆破、2007/08 年金融海嘯和 2020 年初新冠肺疫大爆發時，銅金比率按年皆回落兩成或以上。

　　由於銅金比率能預示金融危機和環球宏觀經濟狀況，故此可以預期，這比率與股市表現亦有一定的密切性。從近四分一世紀數據

顯示，銅金比率按年變化與恒指按年變化關連系數約 0.59，屬頗高水平。換言之，銅金比率按年表現理想，恒指往往都有不俗走勢，反之亦然。

　　隨着多國政府和央行積極應對新冠肺炎而救市，加上 2021 年初新冠疫苗加快接種，經濟環境逐步復甦過來；銅金比率按年變化從 2020 年「肺疫底」（-38.3%）後開始爬升，期間恒指亦有所突破【圖】。

◢ 銅金比率對港股具啟示作用

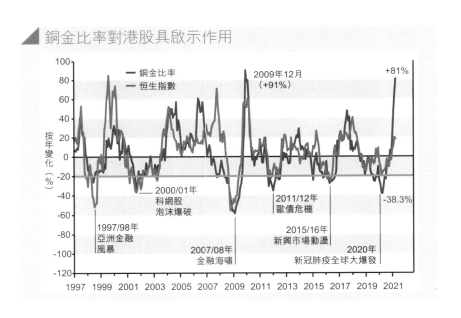

33 計 傳統市盈率

　　不少投資者會以市盈率（price-to-earnings ratio, P/E）衡量恒生指數（或個別股份）的估值是否昂貴。究竟恒指處於什麼的市盈率水平才算昂貴或便宜呢？讀者相信也預計得到，倍數愈低隨後將有較大機率出現較理想的漲幅。問題是，從實質數字看，對後市影響有多大呢？

　　筆者從恒生指數有限公司找來歷年（逾 48 年）恒指市盈率的數據作分析，截至 2021 年 12 月底， 恒指市盈率報 15.47 倍，相較歷年平均水平的 14.2 倍和中位數的 13.8 倍略高。影響股價的因素眾多，不過，僅從歷史市盈率角度看，恒指潛在升幅似乎不少。

　　根據 1974 年至今，恒指不同市盈率水平下，未來一年平均表現可見，大致可發現市盈率愈低，一年平均表現便愈佳，上升（下跌）比例亦會相對較高（較低）；反之亦然【圖】。

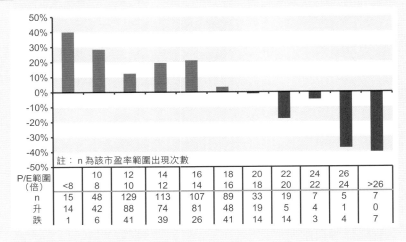

不同市盈率水平下恒指一年後平均表現

P/E範圍 （倍）	<8	10 8	12 10	14 12	16 14	18 16	20 18	22 20	24 22	26 24	>26
n	15	48	129	113	107	89	33	19	7	5	7
升	14	42	88	74	81	48	19	5	4	1	0
跌	1	6	41	39	26	41	14	14	3	4	7

註：n 為該市盈率範圍出現次數

34計 諾獎經濟學者創立
非一般市盈率：CAPE

2013 年諾貝爾經濟學獎得主、耶魯大學教授 Robert Shiller 所創的「經周期調整市盈率」（Cyclically Adjusted Price to Earning Ratio），計算方法是把經通脹調整的美股指數，除以過去 10 年實質移動平均盈利（Trailing earnings），以撇除一些影響估值水平的周期或非周期性因素。

筆者把這套理論應用於恒指上而成為「信報恒指 CAPE」【圖 1】，並考慮到本港企業盈利周期表現等因素，改為以 5 年實質移動平均盈利作為計算基礎，更為合適。

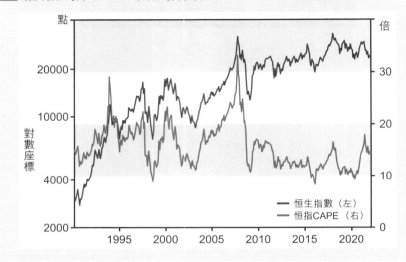

統計歷年不同 CAPE 水平下，「信報恒指 CAPE」與隨後一年的恒指表現大致呈逆向關係，即「信報恒指 CAPE」處於較低水平時，恒指之後一年普遍有不俗升幅【圖 2】；相反，「信報恒指 CAPE」若處較高位，恒指往後一年的回報則乏善可陳，且下跌的機會也較高【圖 3】。

若以 2021 年 8 月底恒指 CAPE 處於 15.4 倍計為例，僅從估值角度看，意味恒指一年後可有約 18.4% 潛在漲幅，上升比例約 62.5%。

恒指 CAPE 水平與隨後恒指一年升跌幅（％）　圖 2

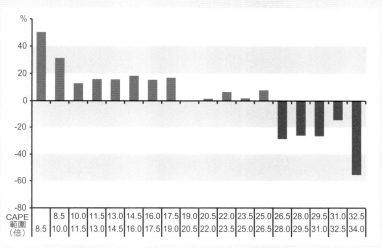

CAPE 範圍 （倍）	8.5 8.5	10.0 10.0	11.5 11.5	13.0 13.0	14.5 14.5	16.0 16.0	17.5 17.5	19.0 19.0	20.5 20.5	22.0 22.0	23.5 23.5	25.0 25.0	26.5 26.5	28.0 28.0	29.5 29.5	31.0 31.0	32.5 34.0

不同CAPE水平下一年後恒指的升跌比例　圖 3

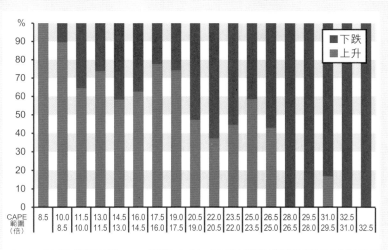

CAPE 範圍 （倍）	8.5 8.5	10.0 10.0	11.5 11.5	13.0 13.0	14.5 14.5	16.0 16.0	17.5 17.5	19.0 19.0	20.5 20.5	22.0 22.0	23.5 23.5	25.0 25.0	26.5 26.5	28.0 28.0	29.5 29.5	31.0 31.0	32.5 32.5

下跌
上升

35 計 畢非德指標 論中港股市

　　要量度整體股市估值是否合理或偏貴，可用的工具頗多，簡單的指標如市盈率（P/E）和市賬率（P/B）等，甚至經周期調整市盈率（CAPE），此外，「股神」畢非德（Warren Buffett）所採用的股市總市值佔 GNP 比率（Total Market Cap/GNP，由於 GNP 與 GDP 數據差異不大，GDP 則使用較普及，為方便運算，以 GDP 數據所取代，下稱「總市值與 GDP 比率」），是另一個頗具參考價值的指標。

　　畢非德於 2001 年接受訪問時說：「這比率（「總市值與 GDP 比率」）可能是任何時期，評估估值水平最好的單一指標（it is probably the best single measure of where valuations stand at any given moment）。」事實上，畢非德透過這比率，在 1999 年即科網泡沫爆破前，與 2008 年 10 月金融海嘯最差時期等，準確地作出類似大市見頂或見底的 market calls。

「總市值與 GDP 比率」是量度股市整體市值相對經濟規模的比率，類似一個衡量整個經濟體系的市銷率（P/S），透過比率均值回歸（mean reversion）的特性，從而評估大市目前估值的位置，以及這對股市中長期回報率的影響。

更具體而言，倘若「總市值與 GDP 比率」遠高於歷年平均值或中位數水平，例如兩個標準差，意味市場整體估值已處於昂貴的水平；反之亦然【圖 1】。而且由於整體市場投資回報是由股息率（dividend yield）、商業增長（business growth；由 GDP 增長速度估算）和市場估值變化（change of valuation；由「總市值與 GDP 比率」估算）三方面所組成，故此，若然估值過高，因為均值回歸的關係，便會拖低整體股市中長期回報率。

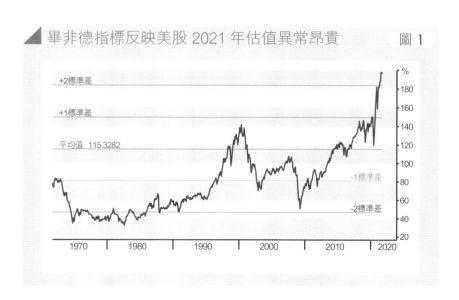

畢非德指標反映美股 2021 年估值異常昂貴　　圖 1

不過，港股是一個外向型股市，又是內地企業主要集資股市，因而扭曲了「總市值與 GDP 比率」的表現。例如截至 2021 年 7 月為止，比率高達 19.5 倍【圖 2】，遠遠拋離美股的 1.9 倍和內地 A 股的 0.7 倍【圖 3】；故其參考價值相對美股和中國股市為低。

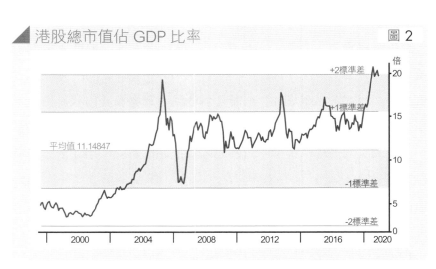

港股總市值佔 GDP 比率　　　　　　　　　　　　　　圖 2

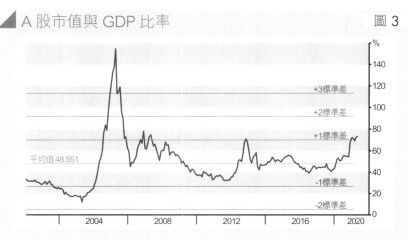

A 股市值與 GDP 比率　　　　　　　　　　　　　　圖 3

36 計 新經濟股「染藍」
對恒指是兩刃劍

　　阿里巴巴（09988）、小米（01810）和藥明生物（02269）等3隻新經濟股於2020年9月正式「染藍」（納入恒指成份股）。

　　說穿了，此舉當然是看準這類股份爆升的動力，可望帶動恒指突破多年浮浮沉沉、大幅落後的悶局，這亦可能標誌着藍籌股一個結構性轉變的里程碑，對恒指往後表現有深遠影響。筆者試從股價和估值兩個角度，探討新經濟科技股晉身藍籌的啟示。

　　恒指於2020年3月19日見21139點「肺疫底」後便開始反彈，截至同年8月底止累計上漲約16%，看似不俗，卻大幅落後於全球多數主要股市，在彭博環球93個主要股指中，港股排名62，處於中下游位置，相對上證指數、MSCI新興市場指數和標普500指數分別進賬25.7%、43.7%和45.3%，明顯被比下去，遑論與當時炒得火熱的新經濟股代表的納斯特指數比較。

恒指表現「乏善足陳」多時，至 2021 年亦未能突破 2018 年初歷史高位 33484 點。港股受中美博弈的政治因素拖累，同時恒指本身有較多傳統舊經濟類股份，如銀行和地產股，在近年投資大氣候和資金流向都在追逐科技類增長型股份下，自然大幅落後。

事實上，從 MSCI 香港增長與價值股指數比率（下稱「增長與價值股比率」）可見，於 2018 年下旬開始再度反覆回升，2020 年新冠肺炎疫情爆發後，比率更一輪急升，目前已攀越 2000 年科網股泡沫和金融海嘯爆發前的 2007 年高位【圖1】，顯示兩者走勢嚴重分歧，也間接地印證了目前恒指跑輸的底因。

增長股大幅跑贏價值股 圖1

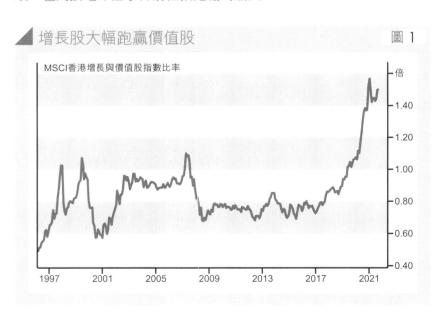

MSCI香港增長與價值股指數比率

因此，恒指逐步納入新經濟科技企業為成份股，理應可以對其長遠表現產生積極幫助。假設 2020 年 9 月的成份股變動於當年 3 月 19 日、即「肺疫底」生效（成份股權重參考 2020 年 8 月 14 日恒指公司公告的數字），變動後恒指於數月內升幅約達 50%，是延後變動回報約 16% 的 3 倍【圖 2】！因此，問題的關鍵是加入這類新經濟股的時機。

◢ 恒指檢討如提前實施表現差距大　　　　　　　圖 2

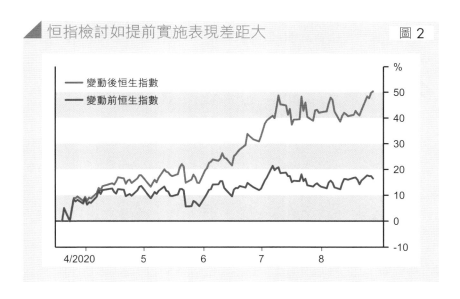

首先，從「增長與價值股比率」和資金流向角度看，科技類股份已被市場追捧一段時間（以年計），尤其疫情爆發後，傳統企業盈利難有起色，派息更無保障，吸引力下降；相反，部分新經濟類股份受疫情衝擊相對輕微，甚至可能受惠，因而令這股「貪新棄舊」的力量更為顯著。

2020 年「增長與價值股比率」已升越 1997 年、2000 年和 2007 年股市「牛三」最後階段時的高位，反映科技股強勢，頗有泡沫味道。

另一方面，若從估值角度看，股價經過一輪飆升後，整體增長股的估值已變得異常昂貴。2020 年第三季，MSCI 香港增長指數市盈率達 53.5 倍，與 MSCI 香港增長股與價值股指數市盈率差距由年初不足 5 倍，擴大至最新逾 50 倍的紀錄高位才在高位回落【圖 3】。

MSCI香港增長指數與價值指數市盈率差距　　圖 3

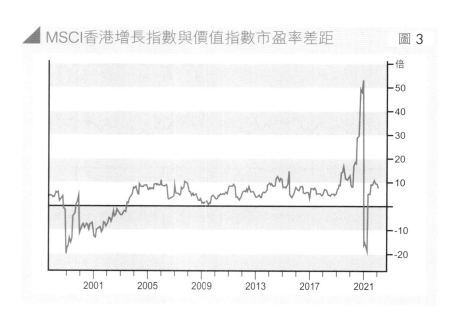

總括而言，近年來投資市場焦點明顯放在新經濟板塊之上，故這類股份無論是表現抑或估值都明顯回升，這從恒生科技指數於 2020

年 3 月 19 日至 8 月底的漲幅接近九成,較恒指高出逾 5.5 倍,可見一斑。藍籌股加入新經濟股,長遠來説對恒指走勢有正面幫助(當然估值水平亦會因而有所提升)。

　　問題是,在股價和估值都已處於極端和昂貴水平才「染藍」,是否合適時機呢?事後證明,恒指加入新經濟股猶如雙刃劍,若然市場「貪舊棄新」,成份股增添新經濟股,對恒指也可帶來打擊。

附錄

2020 年新冠疫情及隨後變種病毒全球大爆發，多國央行為應對宏觀經濟和金融市場帶來的影響和衝擊，均大水漫灌。聯儲局、人民銀行、歐洲央行和日本央行四大央行資產規模，在這短短兩年間激增 11.5 萬億美元（58.4%）。經歷整整兩年疫情的洗禮後，在央行們積極放水下，環球經濟亦走出衰退的陰霾，甚至出現頗為高速的增長；然而，通脹隨經濟復甦「強勢回歸」，美國多項通脹指標都已飆升至約 40 年以來的高位。雖然聯儲局 2021 年初曾指出，高通脹只屬短暫現象，惟後期亦「打倒昨日的我」，以打壓通脹為頭號任務。筆者相信，當前相對高企通脹環境，將持續一段以年計的時間。背後究竟有何原因和玄機？投資部署上又應如何應對高通脹環境，蠶食資金購買力呢？

在《港股追勢 36 計》之外，筆者順帶剖析「後疫情時代」環球宏觀經濟的進展，助讀者進一步掌握外圍局勢。

環球通脹「狼來了」?

2021 年初，美國聯儲局儘管預期不會變動基準利率或量化寬鬆（QE）規模，惟對經濟前景，以至長債息和通脹趨升的看法，備受市場關注，主席鮑威爾多次指出，或需要 3 年以上時間才能達到局方的通脹目標，且物價上升不一定導致持續高通脹云云，可見聯儲局未太憂慮通脹問題。

然而，從反映市場對通脹預期的打和利率（Breakeven Inflation Rate）續創近年新高來看，顯示市場對通脹升溫，比聯儲局來得憂心忡忡。箇中原因，筆者亦曾探討，但從多國貨幣供應增速數字來看，有另一個新觀點值得留意。

一場新冠肺炎疫情，迫使多國央行再次動用數以千億，甚至萬億美元計的措施拯救經濟，僅是聯儲局一年的 QE 規模，已令資產激增逾 3.4 萬億美元，即多於 2008 年金融海嘯後 3 次 QE

的總和；其他主要央行亦有相類似的行徑，透過無限 QE 壓低利率以支持經濟（和股市）。雖則目前 QE 政策確實較以往更為激進，惟經歷金融海嘯後多輪 QE，通脹都一直只聞樓梯響，故亦有不少投資者對通脹惡化不以為然。

激進財策振興經濟

不過，套用金融市場一句慣常用語：This Time is Different（今次不一樣），通脹又會否出現「狼來了」的劇情呢？筆者相信機會不容抹殺。

這場世紀疫症浩劫，令多國政府在是次救市策略上跟以往存在一定的差異，除了再依賴央行大水漫灌外，更為倚重激進財政政策振興經濟。一言以蔽之，就是直接派錢。

美國總統拜登於 2021 年 3 月簽署總額 1.9 萬億美元新紓困計劃，連同之前國會通過的 9000 億美元救助方案，以及前任特朗普政府的 2.5 萬億美元援助措施，聯邦政府合共耗用了 5.3 萬億美元，較日本全年 GDP 數字還要多！而且這些措施中，還包括直接派錢，例如最新舉措便包括向國民派發每人 1400 美元，足見這次政府救市的方法，有頗大的比重是直接派錢。

正正因為這緣故，2020 至 2021 年美國 M1 和 M2 貨幣增長如脫韁野馬般爆升，其中 M1 按年增幅便高達 350%，兩者均

同創歷史高位【圖 1】。注意這只是美國單一國家的數字，其他主要經濟體亦有相類似情況，只是程度上有差別而已。若以環球 13 個主要經濟體合併 M2 貨幣供應（下簡稱環球 M2 供應）角度看，短短一年時間則激增約 15 萬億美元，逼近 100 萬億美元關口，並且明顯拋離過去逾 15 年的長期趨勢【圖 2】。

▲ 美國 M1 和 M2 增速過去一年爆升　　　　　　　圖 1

▲ 環球主要經濟體合併 M2 近一年急增　　　　　　圖 2

　　值得補充的是，之前多輪 QE，聯儲局主要在市場買債（國債或按揭抵押證券）從而壓低息率，刺激股市和經濟；惟釋出的流動性有很大比重變成剩餘儲備（excess reserve），存放在銀行體系內，並沒有流出實體經濟，令通脹不致顯著抽升。不過，今次聯儲局及其他央行除採取跟以往相若的買債行動外，多國政府因應疫情衝擊，直接派錢給國民紓困，令市場資金達到異常充裕的地步。事實上，以目前環球 M2 供應偏離長期趨勢角度看，意味央行貨幣供應已釋出額外 10 萬億美元流動性！

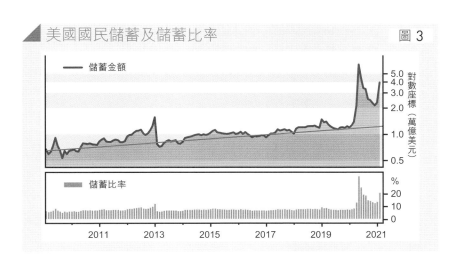

美國國民儲蓄及儲蓄比率　　圖 3

報復式消費恐全球化

　　另一方面，多個政府直接派錢予國民，令人民「口袋」變得鬆動。同樣以美國情況為例，前一年美國人儲蓄金額和比率反覆攀升，截至 2021 年 1 月為止，美國個人儲蓄金額達 3.9 萬

億美元，儲蓄比率飆升至逾兩成高位【圖3】（註：順帶一提，2021年初數字雖較2020年初為低，惟這是因為疫情爆發封鎖多區，經濟陷於停擺所致），較金融海嘯後長期趨勢高出2.5萬億美元！當然，儲蓄水平攀升的另一原因是疫情下無法如常消費所致，而這情況並不限於美國出現，在英國、日本、歐羅區和中國等主要經濟體，均出現額外儲蓄。

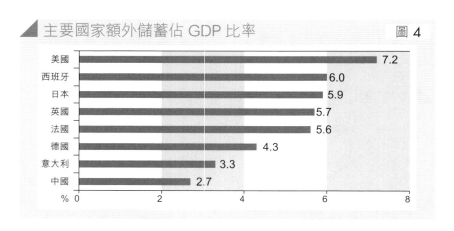

主要國家額外儲蓄佔 GDP 比率　　　　圖 4

根據彭博統計，2021年初多國額外儲蓄佔 GDP 比率，分別達 2.7% 至 7.2% 不等【圖4】，合計累積高達 2.9 萬億美元！

這個額外儲蓄猶如潛伏的深水炸彈，為經濟和通脹帶來不確定性，尤其是疫情一旦受控，多國國民在口袋「鬆」了後，會否出現報復式消費，進而推升環球通脹，值得關注。

威脅「今次不一樣」

最後，歷年環球 M2 供應按年增長與油價按年變化有頗高密切性，而前者仍在反覆攀升，加上基數效應，可以預期油價將保持強勢【圖 5】。原油是主要生產原材料，油價趨升，可以預期將扯高整體物價水平。

環球 M2 與油價增長關係密切　　圖 5

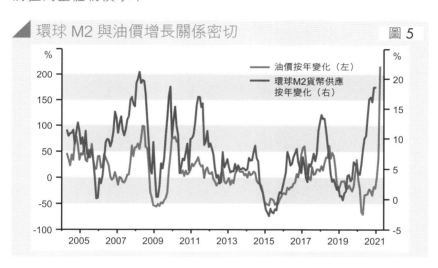

總括而言，肺疫肆虐，再次迫使多國央行和政府聯手救市。跟以往不同的是，除央行們加碼 QE 外，政策上來得較以往更直接——派錢，令多國國民額外儲蓄有極顯著的增長。在疫苗面世、疫情初步受控及經濟逐漸回復正常狀態下，這筆龐大的額外儲蓄，將有多大比例流入實體經濟，並且成為推升通脹的助燃劑，值得密切關注。

究竟會否 This Time is Different 呢？筆者認為，不要把低通脹環境變成理所當然。無論如何，從打和利率對通脹預期的看法，大宗商品價格反覆上揚，加上 M2 貨幣供應與油價及通脹的關連性，似乎預示多國將面對不一樣的通脹威脅。

債務危機一觸即發
高通脹變唯一出路

　　一場新冠肺炎疫情，迫令環球多國採取極度激進的貨幣和財政政策，冀在經濟陷入衰退甚至蕭條前力挽狂瀾。雖然不少國家經濟已從谷底反彈，惟政府卻換來「債務纏身」，個別國家公債佔 GDP 比率已觸及「爆煲」紅線，根據過去 200 年歷史統計，不出現違約情況近乎不可能。債務危機的發展，相信很大機率進一步確認高通脹來臨。

　　肺疫大流行把全球經濟推向衰退深淵，各國政府及央行為拯救經濟（金融市場），釋出數以百億甚至萬億美元計的流動性和財政刺激，即量寬的量寬、派錢的派錢、擴基建的擴基建，務求助經濟脫離衰退的困局。經過一輪千軍萬馬的救市行動，加上疫苗面世，環球經濟確實好轉，不過，與此同時，多國政府尤其主要工業國家，在極短時間內累積了海量負債。

根據國際清算銀行（BIS）資料，截至 2020 年第三季止，僅是先進經濟體政府的借貸水平，在短短兩個季度裏已飆升逾 7 萬億美元，至 55.35 萬億美元，相當於經濟規模（GDP）的 1.18 倍，較 2020 年第一季末上升達 18 個百分點之譜【圖 1】，同期單單美國政府的借貸已激增 3.25 萬億美元，即已佔據一半的比重，也難怪美國前財長薩默斯表示，美國正身陷 40 年來最「不負責任」的財政政策。

▲ 先進國家信貸肺疫後按季飆升　　　　　　　　　圖 1

美國政府的財政（及貨幣）政策刺激義無反顧，明顯令政府整體的債務進一步膨脹。於 2020 年第三季，美國公債水平已攀升至約 27 萬億美元，相當於 GDP 的 1.37 倍，超越 1.3 倍的警戒水平【圖 2】，這情況亦見諸於日本（2.66 倍），以及個別歐洲主要國家，包括：意大利（1.62 倍）、葡萄牙（1.37 倍）和希臘（2.05 倍）。

截至 2021 年 3 月，公債高於 1 倍 GDP 但低於警戒水平的主要國家，還有西班牙（1.23 倍）、法國（1.19 倍）、加拿大（1.15 倍）、英國（1.08 倍）和巴西（1.01 倍），跟美國相像，這些國家的債務比率都是在 2020 年疫情後攀升【圖 3】。

美國公債佔 GDP 比率升越警戒水平　　　　　圖 2

各國公債佔 GDP 比率　　　　　圖 3

為何筆者那麼強調公債佔 GDP 比率達 1.3 倍的警戒水平呢？

自 1800 年至肺疫爆發前，即逾 200 年以來，共有 52 個國家公債佔 GDP 比率達 1.3 倍或以上，當中有 51 個最終出現債務違約事件，「爆煲率」高達 98%。由此可見，當國家公債佔 GDP 比率超越 1.3 倍門檻，反映財政狀況已響警號，違約風險甚高。

日本「時辰未到」？

不過，這裏有兩點值得補充。首先，公債佔 GDP 比率升越警戒線後，違約事件不一定會即時出現，不少國家確是於同年出現債務違約，例如，1946 年加拿大和 2010 年希臘等【表】；然而，亦有國家在響起警號後數年才出現違約事件，例如 1918 年德國，便是 4 年後才「爆煲」。因此，雖然經過疫情洗禮，不少經濟體公債佔比已攀升至高危位置，卻並不代表這些國家有「即時」違約的威脅。

至於觸及警戒線後要隔多少年才會違約呢？誰也說不準。事實上，前述 52 個國家統計中，唯一至今沒有出現違約的國家，便是日本。公債佔 GDP 比率於 1999 年突破 1.3 倍（2021 年更攀升至 2.66 倍），距今 22 年尚未違約；這究竟是統計學上的離群值（outliers），還只是「時辰未到」呢？

其次，違約方式多元化。從國家違約「事件簿」看，不難發現

其違約方式除如企業層面常見的完全違約（outright default）和債務重組外，還可以透過貨幣大幅貶值和高通脹來達致目的。你知道嗎？美元購買力在過去約 88 年便減少了九成半以上！

▲ 過去 200 年部分國家違約事件 (表)

國家	公債觸及GDP 1.3倍時間	違約年	違約原因	違約方式
阿根廷	1827	1827	獨立	完全違約
西班牙	1869	1877	革命	債務重組
土耳其	1872	1876	旱災 / 水災	完全違約
英國	1919	1931	第一次世界大戰	貶值
法國	1920	1920	第一次世界大戰	高通脹
德國	1918	1922	第一次世界大戰	超級通脹
日本	1943	1943	第二次世界大戰	多項因素組成
澳洲	1945	1946	第二次世界大戰	高通脹
加拿大	1946	1946	第二次世界大戰	高通脹
加納	1960	1966	出口下跌	債務重組
哥斯達黎加	1981	1981	出口下跌	完全違約
希臘	2010	2010	金融海嘯	Bailout（歐盟救助）

說回目前情況，美國公債佔 GDP 最新數字去年已攀升至 1.37 倍，歐洲多國和日本的比率則更高；部分主要經濟體，如加拿大和英國縱使未升達警戒線，惟比率卻維持極快速度上衝，即債務水平持續上升。這些國家最終會否出現違約情況？還是如日本般，繼續成為統計學上的 outliers 呢？

筆者相信，日本的情況特殊，是因日圓屬世界主要流通貨幣之

一（不少投資者透過日圓進行 carry trade），加上公債持有者多數是日本國民，故日本政府才可以量寬再量寬，債務水平一升再升，尚未出現違約。然而，當前情況是環球多個主要經濟體公債水平同時攀升至警戒線之上，且還有進一步上升的空間（註：美國政府擬推出規模達 3 萬億美元的基建投資計劃），金融市場資金亦異常泛濫，加上外國投資者持有不少這些國家公債，可以想像任何一國出現違約事件，都可以產生連鎖效應，猶如 2010 年至 2012 年歐債危機。事到如今，多個主要經濟體出現違約的風險不容抹殺，只是時間問題而已。

最後，尚有兩點要留意，其一是最佳的違約方式。如前分析，國家層面的違約方式可有多種，惟完全違約的機率不高（歐債危機亦沒有任何「歐豬」出現完全違約）。至於透過貨幣貶值，目前美歐日都在量寬中，很難想像單一貨幣可以出現顯著貶值。剩下來的，相信極可能出現的方向便是透過高通脹（超級通脹？）逐步蠶食公債的價值，從而「變相違約」。換個角度看，多國央行／政府存有誘因，容許、樂見甚至縱容和製造通脹升溫、惡化。

債券未被唾棄

其次，如何監察當中風險？截至目前為止，雖然多國公債已達警戒水平，惟暫時真正違約的風險不高。說到底，違約都是建基於投資者對不同國家國債的信心問題。若然債券投資遭唾棄（多個主要經濟體國債出現違約，債券市場豈能不崩潰？），投資者便要當

心。根據 ICI（Investment Company Institute）統計，2021 年資金透過基金及 ETF 累計淨流入涉及金額接近 1900 億美元，是過去 8 年同期最佳表現【圖 4】，可見「沽債」情況尚未出現，惟往後可留意這資金流的變化，從而評估公債違約的機率。

透過基金及 ETF 流入債市金額　　　　　圖 4

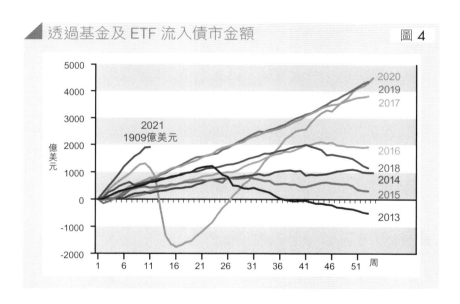

收水漸近
美元債息金價怎樣走？

　　總括而言，一場世紀疫情，令多國尤其主要經濟體債務飆升，不少國家公債佔 GDP 比率已升越警戒線，顯示違約似在所難免，問題只在何時而已。至於違約方式，相信透過高通脹達致「減債」目

幾輪 QE 下美滙指數走勢　　　　　　　　　　　圖 1

的機會不輕。由此看來，未來一段不短的時間，環球通脹反覆上升的機率甚高。可透過留意債市資金流向，從而評估當中出現的風險。

新冠肺炎引發的多國「放水」快將結束，量化寬鬆（QE）措施也開始收爐，貨幣政策逆轉，作為風險貨幣美元，以及兩種避險工具國債與黃金，帶來多大衝擊？

首先，從早前 3 次 QE 期間美元的走向，可發現每次臨近 QE 完結時，美滙指數均會出現一輪抽升【圖 1】，此情況相信不難理解，因為若果 QE 被視為等同「印鈔」，收水便意味印鈔速度減慢（甚至停止濫發貨幣），美元幣值便會有一定支持。事實上，自 2008 年金融海嘯後，滙價（如歐羅兌美元）的走向，跟央行間的資產規模比率（如聯儲局與歐洲央行資產規模）呈一定的密切性。

無論如何，聯儲局啟動收水行動，可以預見美元將有一輪不俗的升勢。值得留意的是，從外幣期貨倉位角度看，炒家於 2021 年初 long 外幣、short 美元衍生的美元淨短倉涉及金額開始減少；於此前淨倉數目和涉及金額更開始錄得正數，即錄得美元淨長倉【圖 2】，是 2020 年初疫情爆發以來首次，反映炒家開始不太看淡美元前景。

債息方面，歷次 QE 期間，美國 10 年期債息由 QE 實施至中後期階段，代表聯儲局即將退市或開始準備收水時，債息往往見頂回落，跌勢在 QE 完結後還會持續多一段不短時間才告喘穩【圖 3】。

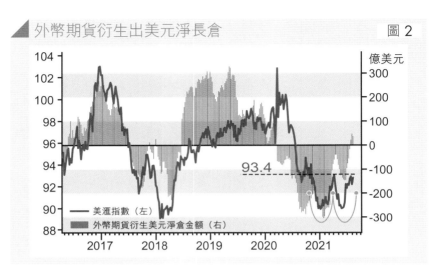

▲ 外幣期貨衍生出美元淨長倉　　　　　　　　　圖 2

(美滙指數（左）)
(外幣期貨衍生美元淨倉金額（右）)

93.4

▲ 美國 10 年期債息於歷次 QE 期間表現　　　　　圖 3

QE1　QE2　　QE3　　　　　QE4

　　在 QE 臨近尾聲時，長債息反高潮向下，情況或許頗為弔詭，
因為量寬結束之時，往往意味經濟狀況已回復較佳狀態（否則聯儲

局便不會退市），債息理應反覆向上。背後的解釋，或許因為 QE 對股市帶來的提振作用「太成功」所致。

毋庸多言，讀者也許明瞭 QE 是支撐美股自金融海嘯後屢創歷史新高的背後原動力。故筆者曾戲言：「股市升也量寬，跌也有量寬」，這也能解釋為何標普 500 指數走勢與聯儲局資產規模亦步亦趨。故此，當 QE 臨近完結時，美股往往承受一定沽售壓力，走勢變得反覆（最低限度初期情況如此），這時資金開始流出風險資產，買入長債避險，間接地推動債息回落。

實質負債息嚴重

換言之，若然聯儲局稍後開始收水，從歷次 QE 經驗，長債息或出現下挫。話雖如此，通脹高企，債息處於相對偏低水平，實質負利率情況亦十分嚴重，債息會否如之前 3 輪 QE 臨結束時般顯著回落，存在一定不確定性。

至於金價，歷次 QE 產生的影響頗不一致，例如 QE1 和 QE2 期間，金價均處於上升周期；反之，QE3 期間則呈反覆下滑；至於最新的無限 QE，金價走勢則呈先揚後挫。故此，聯儲局稍後若然啟動收水進程，難以預料對金價而言是吉是凶。

然而，如前分析，若然美元開展一輪升勢，將對金價構成一定壓力。此外，通脹發展亦對金價走勢有着頗為深遠的影響。

實質長債息多年來走勢跟金價關係異常密切【圖4】，兩者2007年至今關連系數高達 -0.91。目前實質長債息挫至負 1 厘以上，為 10 多年新低，加上花旗通脹驚喜指數繼續反覆抽升，預料實質長債息還有進一步下跌空間（即負債息水平上升），並為金價帶來正面的幫助，尤其若然聯儲局收水進程步伐緩慢，對金價後市發展反而有利。

◢ 金價與實質債息關係密切　　　　　　　　　　　圖 4

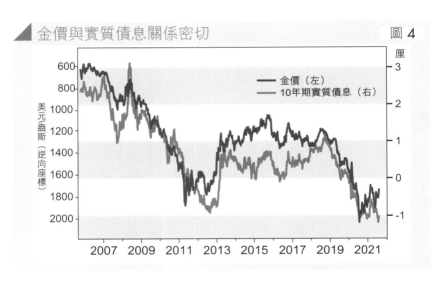

　　總括而言，若正式啟動收水進程，預料美元可受惠而造好，長債債息卻因為收水、市場 Risk off 意欲上漲而反覆下滑。不過，目前債息始終低企，且負實質債息高，長債息下跌的空間相信不會太大。金價方面，則視乎收水步伐，若然央行繼續畏首畏尾，令通脹狀況持續惡化，實質負債息水平進一步上揚，這情況下金價走勢反而值得看好。

港股追勢36計
入市必讀重要指標

作　　　者	呂梓毅
編　　　輯	吳桂生
設　　　計	馬　高
文字協力	黃柏堅
出版經理	余佩娟、李海潮
圖　　　片	iStock
圖　　　表	信報財經新聞有限公司

出　　版　　信報出版社有限公司　HKEJ Publishing Limited
　　　　　　香港九龍觀塘勵業街 11 號聯僑廣場地下
　　　　　　電話　（852）2856 7567　傳真　（852）2579 1912
　　　　　　電郵　books@hkej.com

發　　行　　春華發行代理有限公司　Spring Sino Limited
　　　　　　香港九龍觀塘海濱道 171 號申新証券大廈 8 樓
電　　話　　（852）2775 0388
傳　　真　　（852）2690 3898
電　　郵　　admin@springsino.com.hk

　　　　　　台灣地區總經銷商
　　　　　　永盈出版行銷有限公司
　　　　　　台灣新北市新店區中正路 499 號 4 樓
　　　　　　電話　（886）2 2218 0701　傳真　（886）2 2218 0704

承　　印　　美雅印刷製本有限公司
　　　　　　九龍觀塘榮業街 6 號海濱工業大廈 4 字樓 A 室

出版日期　　2022 年 4 月初版
國際書號　　978-988-75278-4-8
定　　價　　港幣 168　新台幣 840

圖書分類　　投資埋財

作者及出版社已盡力確保所刊載的資料正確無誤，惟資料只供參考用途。
對於任何援引資料作出投資而引致的損失，作者及出版社概不負責。